당신에게 닿아 있다는 기분

당신에게 닿아 있다는 기분

초판 1쇄 발행 2025년 8월 5일

지은이 이수진
펴낸이 강수걸
편집 이소영 강나래 오해은 이선화 이혜정 한수예 유정의
디자인 권문경 조은비
펴낸곳 산지니
등록 2005년 2월 7일 제333-3370000251002005000001호
주소 부산시 해운대구 수영강변대로 140 BCC 626호
전화 051-504-7070 | 팩스 051-507-7543
홈페이지 www.sanzinibook.com
전자우편 sanzini@sanzinibook.com
블로그 sanzinibook.tistory.com

ISBN 979-11-6861-504-5 03810

* 책값은 뒤표지에 있습니다.
* 잘못된 책은 구입하신 곳에서 교환해드립니다.
* 본 사업은 2025년 부산광역시, 부산문화재단 〈부산문화예술지원사업〉으로 지원을 받았습니다.

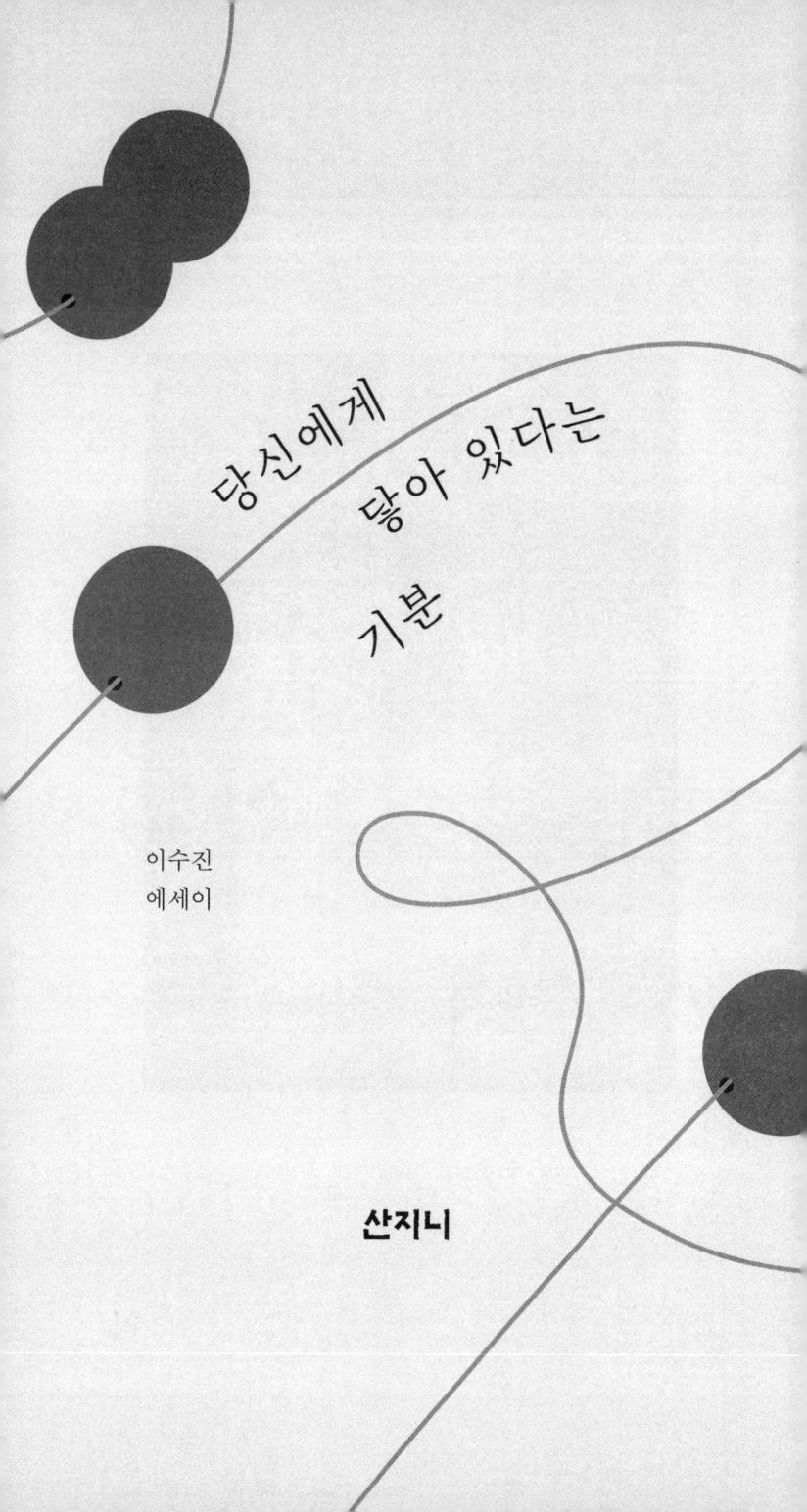

당신에게
닿아 있다는
기분

이수진
에세이

산지니

머리말

누구에게나 창이 있다

내가 좋아하는 것들은 투명한 창을 가졌다. 막 피어난 여린 잎새, 새들이 지저귀는 숲, 바람에 색을 바꾸는 바다. 그들에겐 보이지 않는 비밀이 있다. 투명한 창을 통해 가만히 들여다보면 숨겨진 세상은 천천히 열린다. 살아남으려는 생명의 분투, 때를 기다리는 고요한 인내, 있는 그대로를 포용하는 너그러움이 그 안에 있다. 가까이, 더 내밀하게 바라볼수록 우리는 서로 긴밀히 연결된 존재로 다가온다.

사람도 그렇다. 조용한 눈빛으로, 세월이

새긴 입가 주름으로, 조심스레 건넨 손의 온기로, 아쉽게 헤어지는 뒷모습으로 나직이 말을 걸어온다. 내 안으로 불러들여 가만히 살피면 우리는 닮은 얼굴로 손잡고 있다. 무심히 지나치면 발견하지 못할 그들의 이야기가 낯선 파동을 일으킨다. 나를 잊고 세상을 얻게 한다. 나는 사라져도 그들 속에 무수한 내가 스며들어 있다.

   작은 수조 속 물고기처럼 참방거리던 일상에서 나를 끌어낸 건 책이었다. 한 번도 마주친 적 없는 남미의 원주민 이야기에 귀 기울이고, 데이비드 소로의 글을 읽으며 낯선 오두막 문을 두드렸다. 눈앞의 현란한 정보는 허무하게 잊혔지만, 모호한 생각을 날카롭게 찌르는 문장은 마음에 오래 남았다. 다양한 울림으로 다가온 세상의 이야기들이 수조 밖 넓은 바다를 꿈꾸게 했다. 책 속 삶을 따라가다 보면, 그들의 세상에 존재하는 또 다른 '내'가 있었다. 책을 통해 넓은 세상을 유영하며 '우리'라는 관계로 살아가는 서로를 대면하게 된다.

실용과 효용이 지배하는 시대에 보이지 않는 것을 상상하며 시간을 보내는 일은 '무용'해 보인다. 하지만 그 무용함이야말로 현재를 살아 있게 한다. 주어진 삶이 얼마나 남았는지 신만이 알겠지만, 그 삶을 어떻게 보낼지는 온전히 내가 선택할 일이다. 남아 있는 시간을 늘릴 수는 없기에, 감탄하고 전율할 수 있는 감각을 예민하게 키우고 싶다. 그 촉수가 삶을 더 깊게 만들 것이라 믿는다. 책과 글로 세상을 만나는 일, 나를 보듯 타인과 세상을 바라보는 일은 더 깊고 농후하게 살아가기 위한 나만의 방식이다.

연결을 떠올리게 된 건 예기치 못한 단절의 시간 때문이었다. 예상하지 못했던 코로나 팬데믹이 기약 없이 길어지면서 우리가 얼마나 밀접하게 이어져 살아왔는지를 실감했다. 단절된 우리가 불안했다. 그리운 이들을 만나지 못하는 상황에서 마스크를 쓰고 혹은 화면 너머로 서로의 온기를 느끼려 했다. 바이러스보다 무서운 건 '코로나 블루'라는 정신적 위기감이었다. 잡지 못했던 손을 마음껏 잡고, 보고 싶은 이들과 함께 밥 먹는 시간이 그리웠다. 연결되고자 하는 열망은 어떤 위기에서도 쉽게 끊어지지 않겠다는 의지이기도 했다. 그 믿음 안에서 관계는 더 깊게 뿌리내린다.

작은 수첩을 지니고 다닌다. 때 묻은 노란 수첩에는 세상의 소란과 풍경이 그득히 담겨 있다. 좋은 글귀, 갑자기 떠오른 생각, 아름다운 순간을 잊지 않으려 부지런히 적는다. 마음을 붙잡았던 속삭임과 잊히지 않는 애잔함이 고스란히 모여 있다. 스쳐 지나갈 순간을 붙잡아 빛바랜 사진처럼 오래 만지작거렸다. 날것의 메모가 서서히 발효되어 문장이 되고 누군가에게 건네주고픈 글이 되었다. 점점 살기 힘들어지는 세상이지만 가슴에 남은 따뜻한 말들이 모여 다시 살아갈 빛을 머금게 했다. 생각의 여백이 커지는 만큼 마음속 풍경도 생명을 얻은 듯 무성하게 자라났다. 수첩은 내게 창이었다.

이야기의 힘을 믿는다. 내 안에서 피어난

울림들이 여기 '연결과 관계'라는 글로 엮어졌다. 작고 소소한 나의 이야기가 당신의 이야기가 될지도 모르겠다. 누군가의 마음속에 닿는 씨앗이 되길 꿈꾼다. 시간이 흘러 싹을 틔우고, 작은 마음이 이어지는 길을 따라 서서히 가지를 뻗어 가길 소망한다. 그 가지 끝이 누군가의 창문을 다정하게 두드리길 바란다.

차례

머리말 5

1장 인생은 살기 힘들다지만
그대의 밤이 평안하길 15
햇살 같은 안식 22
눈빛의 말 29
수영장의 마법 36
도망치지 않기 위해서지 43
존경과 응원의 우정 50
마리아와 마르타 58
생이 주는 선물 67
꿈은 도망가지 않는데 74

2장 마음에 들어오는 것들
내 가슴에는 사슴섬이 있다 83
씨앗의 안부 91

혼자 산에 오르면	96
지구의 아름다운 무늬들	102
아름다움을 아는 죄	110
존재의 가벼움에 대하여	118
땅으로 돌아간다	126
네가 행복하니 나도 행복하구나	135

3장 빛은 사라지지 않는다

집, 기억을 담다	145
철저한 이기주의자가 되자	152
그날 밤의 기도	159
시적인 삶	166
책과 영혼이 만나는 자리	173
당신의 안부를 묻는 일	180
내일의 고도를 기다리며	187
형광등이 햇살이 되는 마법	194

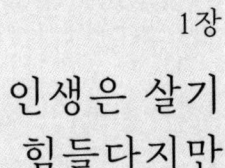

1장

인생은 살기
힘들다지만

그대의 밤이
평안하길

젊은 작가의 북토크에 참여했을 때다. 남다른 경험으로 다양한 글쓰기를 시도하는 작가는 자신의 생각을 겸손하지만 정확한 언어로 표현하고 있었다. 그는 일하는 주변 이웃을 인터뷰한 책을 소개했다. 응급실에서 일하는 청소 노동자, 농촌 버섯 재배자, 수선집 사장님 등 그가 만난 인물들은 눈에 띄지 않지만 자신의 자리에서 묵묵히 세상을 지탱하는 소중한 이웃들이다. 북토크가 마무리될 시점에 청중이 질문을 던졌다. "책 속의 인터뷰이들을 다시 만난다면 작가님은 어떤 질문을 하고 싶으세요?" 작가는 잠시 숨을 가다듬고 생각에 잠기더니 나른한 목소리로 대답했다.

"요즘 밤에 잠은 잘 주무시나요?"

짧은 대답에 작가의 진심이 전해졌다. 그들의 안녕을 묻는 한마디로 '잠은 잘 주무시느냐'는 말 외에 어떤 말을 더 할 수 있을까. 번뇌와 고통, 그리고 잊었던 불편함들은 한결같이 밤에 밀도를 더한다는 게 나이 들며 깨닫는 일이다. 낮이 육체의 노동이었다면 밤은 정신이 바통을 이어받는다. 긴 터널의 밤이 지나면 빛이 밝아 온다는 걸 알면서도 어둠 속 침묵은 고요한 자아에 물결을 일으킨다.

아일랜드 작가 클레어 키건의 소설 『이처럼 사소한 것들』에는 밤잠의 안부를 묻고 싶은 주인공이 등장한다. 펄롱은 주변에서 일어나는 사소하지만 불편한 일에 무심할 수 없는 성정을 지녔다. 할 수 있는데 하지 않은 일이 마음에 머물러 온전한 휴식을 누리지 못한다. '나는 왜 남들처럼 맥주 한 캔 마시며 쉴 수 없는 걸까.' 펄롱에게는 사랑하는 아내와 다섯 딸들이 있으며 풍족하지 않지만 절약하며 살아갈 수 있는 일거리가 있다. 소박한 안락함에 머물지만 마음 한편엔 외면할 수 없는 불편함이 있다. 지금의 단란한 일상이 유년 시절 받은 다정한 호혜 덕분이라는 걸 그는 잘 안다. 하녀 신분의 미혼모에게서 태어난 펄롱은 대가 없이 보살펴 주던 집주인 윌슨 부인의 사랑을 기억한다. 외롭고 놀림 받던 어린 펄롱에게 윌슨 부인의 따뜻한 보살핌은 잿빛 하늘을 은은하게 감싸는 온기 같은 존재였다. 베풂의 온정을 경험했기에 그는 타인의 아픔에 모른 척 지나칠 수 없는 마음을 가졌다. 세상을 향한 다정함은 깊은 밤 그를 잠 못 들게 한다.

1990년대 아일랜드, 가톨릭 교회에서 운영한 막달레나 세탁소 사건이 공개되었다. 약 74년 동안 갈 곳 없는 미혼모 여성들과 아이들을 감금하여 강제 노역을 시켜왔으며 수많은 여성들이 추행, 학대당했다는 사실에 세상은 경악했다. 소설은 그 사건을 모티브로 전개된다. 펄롱은 아일랜드의 작은 마을에서 석탄, 장작을 팔며 생계를 꾸려 나간다. 교회와도 이웃과도 좋은 관계를 유지해야 지속적으로 장사할 수 있다는 것을 펄롱은 잘 안다. 지금껏 쌓아 온 신뢰가 그의 일과 가족들의 안위에 어떤 영향을 미치는지도 알고 있다. 하지만 딸들이 타인에게 무심하지 않기를 소망하는 가장이기도 하다.

그는 우연히 교회 창고에서 학대 속에 고통받는 여자 아이를 만나게 된다. 막강한 권력인 교회의 뜻을 거스르며 아이를 구해줄 수 있을까. 자기 보호 본능과 용기가 내면에서 충돌하며 번뇌는 시작된다. 불면의 밤이 계속된다. 잠든 아내와 딸들을 바라보며 추운 데서 떨고 있을 교회의 소녀를 떠올린다. 지켜야 할 것과 구해야 하는 마음이 엉켜 어린 시절 기억 저편을 헤맨다.

대학시절 서울에서 자취했던 동네 풍경이 떠오른다. 좁고 경사진 언덕에 다세대 주택이 오밀조밀 모여 있던 오래된 동네였다. 밤이 되니 구질구질한 세간의 어수선함은 숨어들고 수많은 불빛으로 반짝이는 작은 행성이 되었다. 놀라운 건 셀 수 없이 많은 빨간 십자가였다. 작은 동네에 이토록 많은 교회가 존재하다니. 이처럼 신실한 이들이 모여 사는 동네라면 범죄는 고사하고, 사랑이 넘치는 곳이 되어야 하지 않을까. 십자가를 바라보느라 불편한 현실에는 눈길이 닿지 못한 건 아닐까. 펄롱 역시 가엾은 소녀의 시선을 외면한 채 교회에 앉아 있는 자신이 불편하다. 신을 향한 기도와 이웃을 향한 사랑은 왜 강물처럼 한 방향으로 흘러가지 못하는 것일까.

크리스마스이브가 되었다. 펄롱은 아내를 기쁘게 할 선물을 샀다. 그리고 교회의 세탁소를 향해 자연스레 발걸음을 옮긴다. 그의 발걸음엔 며칠 밤의 고뇌와 결단이 실려 있었다. 그는 아이에게 산타클로스의 선물이 되어 주겠다고 결심한다. 추위와 두려움에 떠는 아이를 데리고 나왔다. 그의 몸이 얼마나 가볍고 당당했는가. 그 순간의 충만함을 '자신의 가장 좋은 부분이 빛을 내며 밖으로 나오는 것' 같았다고 표현했다. 할 수 있는데 하지 않아 평생 후회했을, 그래서 밤마다 괴로웠을 일에 그는 용기를 냈다. 그에게 닥칠 앞으로의 고난은 아이가 지금껏 받은 고통에 비하면 아무것도 아니라고 생각한다. 신의 자비가 그의 마음에 내려앉은 크리스마스이브였다.

세상은 눈에 띄지 않는 손길로 움직인다. 젊은 작가가 인터뷰한 노동자들처럼 묵묵히 최선을 다하는 노동이 우리의 하루하루를 굴러가게 한다. 그들의 수고는 드러나지 않지만 평온한 일상에 토대가 되어 준다. 그러나 노동의 삶은 불안정하다. 순식간에 힘을 잃게 하는 그림자가 주변에 머물러 있어서, 펄롱의 말처럼 모든 걸 다 잃는 순간은 너무 쉽게 일어난다. 그럼에도 세상을 살 만하게 하는 건 서로를 지탱하려는 마음과 희망 덕분일지도 모른다.

타인의 불행과 불편함에 모른 척하지 않는 다정함이 세상을 이끈다. 사생아였던 자신을 자식처럼 안아 주던 윌슨 부인의 사랑이 펄롱을 건실한 아버지가 되게 했다. 구원의 눈길을 보내던 아이를 잊지 못하는 마음이 소녀를 다시 태어나게 한다. 신의 뜻은 화려한 교회 의식에 존재하지 않는다. 인간의 마음이 외면할 수 없는 곳에 신이 함께 존재하며 온정을 이끌고 있는 게 아닐까.

오늘을 정성껏 살아 내는 것이 삶의 의미라면 내 하루를 보살피듯 타인의 일상에 시선을 건네는 것, 그것이 인간의 책무이다. 불편했던 순간을 떠올리며 잠 못 이뤄 뒤척이는 모습이 가장 인간다운 모습이다. 누군가의 밤이 안녕하기를 소망하는 건 나약한 인간으로서 건네는 최소한의 안부 인사이다. 작가 클레어 키건이 말하는 사소한 것들이 결코 사소하지 않음을 안다. 불편한 마음을 외면할 때 우리의 영혼이 얼마나 가난해지는지도 기억한다. 고된 일을 마다하지 않은 노동자의 지친 밤잠과 그들의 안녕을 염원하는 작가의 다정한 안부가 세상에 온기를 보탠다. 그대의 밤도 평화가 함께하기를 기도한다.

『이처럼 사소한 것들』
클레어 키건, 다산책방, 2023

햇살 같은 안식

       큰아버지가 돌아가셨다. 투병 기간은 3년 남짓, 요양원에 들어가신 지 한 달 만에 세상과 이별했다. 구순에 가까운 나이니 호상이라는 단어로 죽음이 표현될지 모르겠다. 호상이라는 말은 누구를 위한 것일까. 노부모를 모시기 힘든 자식의 입장에서인지, 늙음을 온몸으로 떠안은 죽은 이를 위한 것인지 알 수 없다. 죽음을 앞에 두고 좋은 일이니 나쁜 일이니 운운하는 것마저도 인간의 몫이 아닐지 모른다. 영정으로 쓴 젊을 적 사진을 바라보며 향을 피웠다. 큰아버지의 긴 인생이 향을 타고 날아간다. 누구의 인생도 죽음 앞에 가벼울 수가 없다. 가슴 깊은 곳에서 묵직한 애도가 올라와 잠시 숨을 고른다. 큰아버지와 속 깊은 정을 나눈 사이는 아니었지만 죽어서야 쉴 수 있다는 말이 슬픔을 몰고 왔다.

큰아버지는 농부로 평생을 살아왔다. 집안이 가난하니 상급학교로 진학하는 일보다 바쁜 일손을 돕는 것이 자연스러운 시절이었다. 두 살 아래 동생은 어떻게든 학교로 보내졌지만 한 번 학교를 떠난 큰아버지는 평생 논과 밭을 벗어나지 못했다. 내가 자라면서 기억하는 그는 까만 피부에 깡마르고 등이 살짝 굽은 채로 부지런히 일하는 모습이었다. 매 끼니 고봉밥을 드시면서 왜 저리 말랐을까를 염려하던 어린 마음이 떠오른다. 농부의 고단한 삶을 알지 못했다. 큰아버지와의 마지막 만남 때 우리는 집을 떠나 요양원에 가시기를 입 모아 종용했다. 간병하는 가족들의 수고와 조절되지 않는 통증 때문이었다. 평생 살아온 집을 떠나기 싫어하던 눈빛과 거절할 수 없는 마음이 어지럽게 교차하며 큰아버지는 인생의 마지막 결정 앞에서 머뭇거렸다. 오래된 집 창문 밖으로 보이는 나뭇잎, 쨍한 하늘과 쪽기와의 풍경이 서럽게도 아름다운 오후였다.

애도의 마음은 희미해지고 남은 이들의 삶은 이어진다. 큰아버지를 다시 떠올린 건 영화 〈퍼펙트 데이즈〉의 주인공 히라야마 씨 때문이다. 중년의 히라야마 씨는 울창한 나무 사이로 비치는 햇살을 맞이하며 하루를 시작한다. 그가 만드는 '퍼펙트 데이'의 중요한 포인트다. 매일 아침 똑같은 풍경도 마치 세상을 처음 만나는 듯한 시선으로 바라본다. 완벽한 하루를 만드는 의식처럼 그의 몸은 햇살의 기운, 올드 팝의 경쾌함, 달콤한 커피 향으로 채워진다. 충만한 에너지로 그가 출근하는 곳은 도쿄의 공중화장실이다. "The Tokyo Toilet"이라고 적힌 파란 점프슈트를 입고 오전, 오후 공중화장실을 돌며 청소한다. 그의 노동은 중요한 의식처럼 동작 하나하나가 섬세하고 정성을 다해 이뤄진다. 공원 벤치에서 샌드위치와 우유를 먹으며 휴식할 때도 얼굴에 미소가 떠나지 않는다. 스스로 선택한 삶을 살아가는 자의 얼굴이다. 노동과 휴식의 움직임이 잘 짜인 뮤지컬 리듬 같다.

영화는 지겨울 만큼 반복되는 일상을 보여준다. 매일 비슷한 날씨에 어제와 같은 미소로 시작하고 어김없이 더러워져 있는 변기를 닦는다. 작은 변화도 있다. 아이 울음소리가 들려 화장실 문을 여니 엄마 잃은 꼬마가 울고 있다. 아이를 달래 손을 잡고 주변을 서성이는데 마침 엄마가 당황한 모습으로 달려왔다. 혼자 가버린 아이를 꾸짖는 엄마 표정을 보니 아이가 청소부의 지저분한 손을 잡은 게 더 불편해 보인다. 고맙다는 인사도 없이 아이 손을 닦으며 급히 떠나는 두 사람을 히라야마 씨는 말없이 바라본다. 뒤돌아 손 흔드는 아이에게 그는 이내 천진한 미소로 화답한다. 잠시 일던 폭풍의 마음에 다시 평화가 깃든다.

히라야마 씨는 자신에게 일어난 불쾌한 일을 마치 타인의 것처럼 바라본다. 빈 배가 자신의 배에 무심히 부딪힌 것을 응시하듯 크게 동요하지 않는다.* 감정이 일렁이는 단계의 이면을 깨닫는다면 우리는 그 상황에서 한발 물러나 스스로를 바라볼 수 있게 된다. 상대의 공격도 내 불편함도 빈 배를 흘려보내듯 관조할 힘이 생긴다. 일상에 불필요한 에너지를 쏟지 않고 온전한 나의 하루를 보내는 비결이다. 삶에 힘이 되는 것과 그렇지 않은 것을 선택해서 받아들이는 여유가 느껴진다.

시골의 큰아버지가 쉴 새 없는 농사일 중에 위로가 된 것은 무엇이었을까. 새벽부터 이어진 고된 일손을 멈추고 잠시 흙바닥에 앉으면 고향 산천의 부드러운 산세와 새소리, 햇살이 그에게 소중한 위안이 되었을까. 부지런히 여물을 끓여 키운 소가 착한 눈망울로 얼굴을 내밀 때 그는 선한 생명의 위로를 받았을까. 땅을 돌보고 동물을 살피는 일이 자신을 비우는 일이었을까. 큰아버지의 활짝 웃던 모습은

*「외편/산목」,『장자』, 안동림역주, 현암사, 2022, 492쪽.

시골의 깨끗한 하늘빛과 닮아 있었다. 땀 흘려 일하는 노동의 고단함과 숭고함을 몸으로 겪은 자의 눈빛이었다. 오래 기억되는 것은 그의 표정과 행동이다.

주인공 히라야마 씨는 말이 없다. 홀로 살고, 청소하며 혼자 밥을 먹는다. 평범한 일상을 가만히 따라가다 보면 그가 어떤 사람인지 퍼즐 조각을 맞출 수 있다. 말이 아닌 행동이 우리를 규정한다. 정확한 시간에 일어나 아침 햇살에 감응하고 옛 팝송을 흥얼거리며 출근하는 사람. 감독하는 이 아무도 없지만 맡은 청소를 윤이 나도록 완벽하게 해내는 사람. 누군가 자신의 일상에 돌멩이를 던져도 이내 아무 일도 아닌 듯 자신의 고요를 되찾는 사람. 티 나지 않지만 작은 선의를 건네는 사람. 그리고 잠들기 전 책을 읽으며 마음을 넓혀 가는 사람.

빠르게 돌아가는 세상 속에서 나는 자주 휘청인다. 기대했던 하루는 타인의 말에, 예기치 못한 상황에 다른 변주가 시작된다. 때로는 교감 속에 변주는 더 풍성해지기도 하고, 갈등과 분노로 마음을 어지럽히는 소음이 되기도 한다. 히라야마 씨의 햇살 의식처럼 어떤 일에도 흔들리지 않을 나만의 기쁨이 필요하다. 해야 하는 일과 중에도 나다움을 잃지 않는 순간이 쌓여야 일상의 나를 지킬 수 있다. 소중한 이들과 마음을 나누며 끊임없이 내면의 감정에 귀 기울여야 나다움이 더욱 선명하게 다가온다.

   큰아버지는 시골집 가까운 선산 땅으로 돌아갔다. 지친 몸을 내려놓고 팔랑팔랑 나비가 되어 정든 마을을 이리저리 유랑하듯 날아다닐 것 같다. 한평생 일궜던 땅과 낡은 집을 오가며 당신의 긴 삶을 돌아보고 있을지 모를 일이다. 큰아버지에게 햇살 같은 안식이 이제 시작되었다.

눈빛의 말

　무라카미 하루키가 쓴 아버지에 대한 글이 있다. 부모에 대해 글을 쓴다는 것은 작가에겐 작은 용기가 필요한 일이다. 아버지와의 기억을 더듬는 일은 과거의 나를 만나는 일이며, 그 기억과 실처럼 연결된 현재의 나를 이해하는 과정이다. 과거의 기억이 내면 깊숙한 곳에 머물다가 어느 순간 내 삶의 한 조각으로 자라나 있음을 발견하게 된다. '작가의 말'을 읽어보면 하루키는 오래전부터 아버지에 대한 글을 언젠가는 써야겠다고 생각해 왔다. 구체적인 이유는 밝히지 않았지만 그는 이십여 년 넘게 아버지와 절연한 채 살아왔다. 그럼에도 아버지와 자신은 사소하면서도 소중한 기억을 공유하며 보이지 않는 무언가를 함께 계승해 나가는 사이라고 말한다.

단편소설 『고양이를 버리다』는 어릴 적 아버지와 함께 해변에 고양이를 버리러 간 기억을 이야기한다. 고양이 상자를 안고 아버지의 자전거 뒤에 앉아 해변으로 향하던 하루였다. 그들은 은밀한 공범자가 되어 무사히 고양이를 버리고 쓸쓸히 집으로 돌아온다. 대문을 열자 해변에 있어야 할 고양이가 태연히 그들을 맞이하는 것이 아닌가. 공범의 부자는 서로를 마주 보며 어리둥절해했다. 착잡함과 놀라움을 함께 나눈 그들의 하루는 우습기도 애잔하기도 하다. 단편적인 기억을 더듬으며 아버지가 어떤 사람이었는지 퍼즐을 맞추어 나가는 하루키의 방식이 흥미롭다.

아버지에 대한 복잡한 감정은 그의 죽음 이후에야 객관화되어 작가 내면에 조용한 추모 공간을 만든다. 아버지가 돌아온 고양이를 보며 다소 안도한 표정을 짓던 일, 전쟁에서 돌아와 거칠어진 마음에도 문학을 공부하고 하이쿠를 짓던 일, 자신이 이루지 못한 꿈을 아들이 대신 이루어 주길 바랐던 힘없는 아버지를 생각한다. 그가 기억하는 개인적인 이야기들은 우연에서 시작되었고, 그것은 광활한 대지에 떨어지는 작은 빗방울처럼 미미한 일이다. 작가는 세상을 변화시키는 것도, 개인의 역사를 바꾸는 것도 티끌만 한 빗방울들의 고요한 움직임이라고 말한다. 빗방울이 모여 흐름을 이루듯이 개인의 경험도 역사의 결을 이루는 의미 있는 움직임이 된다.

하루키의 아버지를 읽으며 내 아빠를 떠올렸다. 아빠는 일제 강점기에 태어나 어린 시절에 한국 전쟁을 겪었다. 깊은 산골짜기 곳곳에는 전쟁에서 죽은 시체들이 널브러져 있었다고 했다. 산 너머 학교에 가기 위해 책 보따리를 가슴에 단단히 동여매고 숨죽인 채 앞만 보고 달려야 했다. 아빠의 회상은 마치 흑백 전쟁 영화처럼 느껴진다. 맥주라도 한잔 마시며 기분이 노곤해질 때면 그 시절의 이야기가 무용담처럼 꼬리 지어 흘러나왔다. 아빠의 눈빛은 먼 허공을 응시하며 두려움을 이겨 내려 애쓰던 어릴 적 당신을 만나고 있는 것 같았다.

대학 신입생 시절, 집을 떠나 서울 생활을 막 시작했을 때였다. 친구들과 기숙사에서 노닥거리고 있는데 인터폰이 울렸다. 누군가 면회를 왔다는 조교의 목소리였다. 낯선 서울에서 나를 찾아올 사람이 누가 있을까 아무리 생각해도 떠오르지 않았다. 뭔가 착오가 있는 게 아닐까 갸우뚱거리며 입구로 나갔다. 양복 차림의 남자가 멀찌감치에서 기숙사 건물을 이리저리 살피고 있었다. 놀랍고 반가운 마음에 아빠를 부르며 뛰어갔다. 아빠는 딸을 찾은 기쁨으로 환하게 웃고 있었다.

출장을 왔다가 집으로 돌아가기 전 딸을 보러 이곳까지 온 것이다. 핸드폰도 없던 시절 연락도 없이, 낯선 길을 물어 지하철을 타고 긴 캠퍼스를 가로질러 왔다. 잘 지내고 있느냐고 아빠는 눈을 바라보며 물었다. 대답과는 상관없이 눈빛만으로 모든 걸 알 수 있다는 그의 마음이 느껴졌다. 그 짧은 눈빛을 나는 지금도 기억한다. 반갑고도 갑작스러운 만남에 뭐라 허둥대며 대답했는지 기억이 희미하다. 긴 이야기를 나눌 여유도 없이 아빠는 특유의 눈도장을 찍고는 서둘러 서울역으로 떠났다. 전쟁터에서 임무를 다한 것처럼 딸 생사를 확인한 아빠는 뒤도 돌아보지 않았다. 꽃피고 생기 넘치던 캠퍼스와는 어울리지 않던, 회색 양복의 뒷모습을 끝까지 바라보았다.

  내 아이들이 대여섯 살쯤 되던 시절, 나는 가슴에 생긴 종양을 제거하는 큰 수술을 받은 적이 있다. 전신마취를 하고 네 시간 정도 진행되는 수술이었다. 어린 아이들을 맡기고 병원에 들어가던 날, 수술에 대한 두려움보다는 당장 집안 살림을 단도리하느라 바빴다. 환자복을 입고 수술실에 들어갈 때에야 비로소 실감이 났다. 이른 아침 수술이라 인턴, 간호사들만 분주하게 움직이는 시간이었다. 간호사가 침대를 밀어 주는 대로 복도를 지나가는데

저 멀리서 낯익은 모습이 보였다. 수술실로 들어가는 딸을 보기 위해 새벽부터 달려온 아빠였다. 두리번거리며 하룻밤 새 환자가 된 딸을 알아보고 다가왔다. 마치 당신이 아픈 것처럼 퀭하고 슬픈 눈빛으로 나를 바라보았다. 아빠도 나도 아무 말을 하지 못했다. 수술방에서 마취약이 몸속으로 스며드는 순간에도 아빠의 그 애틋한 눈빛이 어른거렸다.

   아빠는 이제 여든 중반의 나이가 되었다. 어린 딸을 바라보던 눈빛은 세월의 바랜 빛을 머금고 있다. 그 속엔 한때 호기로웠던 아빠의 청춘도 있고, 다 이루지 못한 소망의 아쉬움도 녹아 있다. 눈꼬리는 점점 더 내려와 순한 눈빛이 되어 가고 웃지 않아도 눈가엔 주름이 가득 묻어 있다. 시야는 어두워졌지만 마음으로 나이 들어 가는 자식을 바라봐 준다. 아빠의 흐린 눈빛을 바라보면서도 그 눈빛이 곧 사라질까 두렵다.

   하루키 역시 고양이를 다시 마주치던 순간의 아버지 표정을 잊지 못한다. 그때 해변의 파도 소리를, 소나무 방풍림을 스쳐 가는 바람의 향기를 또렷이 기억할 수 있다고 했다. 오래된 사진처럼 정지된 한 장면의 기억이 우리의 현재와 미래를 이어 나간다. 역사의 한 모퉁이에 서 있는 이름 없는 이야기가 작가의 기억에 스며들어 작품이 되듯이 우리의 지극한 사적인 경험이 역사의 한 점이 된다. 우주 어딘가에서 빛나고 있을 점들은 어떤 연결고리가 되어 또 다른 점으로 이어질 것이다. 수수께끼 같은 삶은 그렇게 마법처럼 계속된다.

『고양이를 버리다』
무라카미 하루키, 비채, 2020

수영장의
마법

 셔틀버스가 도착했다. 구부정한 등 뒤로 형광색 오리발이 삐죽 고개를 내민다. 뜨거워진 태양을 피해 수영장 안으로 하나둘 들어서는 모습이 소풍을 앞둔 아이들 같다. 삼삼오오 깔깔거리기도 하고 서로 먼저 가려고 슬그머니 새치기도 망설이지 않는다. 뒷모습만 보아도 어디가 불편한지 한눈에 알 수 있다. 무릎이 아파 한 발에만 힘을 주는 할머니, 허리가 굽혀지지 않아 가슴을 내밀고 조심스레 걷는 할아버지, 그리고 등이 굽어 수영이 가능할까 걱정되는 할머니도 있다. 오후 세 시, 실버 수영단의 입장 시간이다.

이곳은 동네 구민체육센터 수영장이다. 오픈한 지 오래지 않아 깨끗하고 저렴해서 늘 인기다. 어렵사리 등록한 강습이 오후 실버반이었다. 잠시 망설였지만 운동에 소홀했던 내 체력도 노인들과 별반 다르지 않다는 생각에 등록했다. 수영장 한 면 가득한 유리창으로 햇살이 쏟아진다. 환하고 따뜻했다. 유쾌한 할머니들은 어설픈 딸을 보듯 이것저것을 가르쳐주며 초보 수영인을 반긴다.

샤워를 마치고 입수 대기 중인 수영인들은 이슬을 머금은 풀처럼 싱그럽다. 단단하게 조여진 수영모 덕분에 주름은 정수리로 올라붙었고 탄력 좋은 화려한 수영복은 십 년은 족히 젊어 보이게 한다. 슈퍼맨 복장을 장착한 히어로처럼 당당하게 물속으로 들어선다. 물의 힘을 빌려 불편하던 다리와 허리는 부드러워지고 중력을 벗어난 몸은 한결 가벼워진다. 무거운 걸음걸이를 벗어두고 우주인이 된 듯 구르기도 하고 폴짝폴짝 뛰어도 본다. 단 한 시간, 어린이가 되는 마법의 문을 통과했다.

 수영장 가득 실버 수영단의 조잘대는 음성이 울려 퍼진다. 어린이들만 참새 소리를 내나 했는데 노인들의 신난 수다도 하이톤 꾀꼬리 소리처럼 경쾌하다. 새를 품은 생명력 넘치는 맹그로브 숲이 된다. 나와 같은 레인에 배정된 사람들의 평균 연령은 어림잡아 일흔에 가까운 것 같다. 검버섯 핀 피부에 주름진 눈매의 할아버지들과 소녀처럼 천진난만하게 웃는 할머니들이 대부분이다. 꽉 끼는 수영모와 콩알만 한 수경을 끼고서 쉼 없이 물속을 가른다. 동그랗고 쪼글쪼글한 주머니 같은 입술이 물 위로 동동 떠올라 거친 호흡을 내뱉는다. 나이를 잊고 물장구치는 모습에 나도 모르게 웃음이 새어 나온다.

 상급자 레인에는 오리발을 낀 채 종횡무진 헤엄치는 활기찬 실버 수영인들도 있다. 출발 순서를 기다리며 그들의 화려한 몸동작을 넋 놓고 바라본다. 수영장 물을 다 쓸어갈 듯 온몸으로 전진하는 모습이 장관이다. 거대한 수

족관에서 있는 힘을 다해 펄떡이며 살아 있음을 증명하는 싱싱한 활어들 같다. 실버 수영반을 등록하며 노인의 기운을 닮아 가지 않을까 염려했던 내 오만함을 단숨에 날려 버린다.

김훈 작가의 강연을 떠올렸다. 그는 매년 삼월이 되면 동네 초등학교 입학식을 찾아간다고 한다. 조잘거리는 아이들의 생기, 젊은 부모들의 기대감, 친밀한 에너지를 바라보는 즐거움에 대해 말한다. 보이지 않는 설렘과 기쁨이 충만한 그 순간을 이야기할 때 노작가의 어눌한 말에서도 생생한 기운이 느껴졌다. 11월 수능일에는 고사장 앞을 찾아간다. 초조한 얼굴로 수능장으로 들어가는 수험생과 선배들에게 응원의 구호를 던지는 후배들의 모습을 지켜본다. 긴장되는 분위기 속에서 묵묵히 자신의 길을 걸어가는 학생을 바라보며 응원과 연민의 마음을 보탠다. 각각의 장소에서 살아 있는 것 자체의 아름다움을 느낀다. 보이지 않지만 역동적으로 흘러가는 열정과 충만한 기분. 살아 있기에 볼 수 있는 소중한 경험이다.

타인의 마음과 기운에 감응하는 힘은 어디서 나오는 것일까. 조잘거리는 아이들의 생기발랄함에 마음이 싱싱해지고, 시험 앞에 긴장하는 학생들을 보며 함께 마음 졸인다. 아름다운 자연에 마음이 너그러워지고 끊임없이 철썩대는 파도 소리에 인간은 위로받는다. 김훈 작가는 인간 내면에 우리가 인식하지 못한 아름다운 자연의 일부가 존재한다고 믿는다. 인간이 자연의 일부라는 사실을 인지하는 것만으로도 살아 숨 쉬는 일이 한결 고귀하게 느껴진다.

살아 있다는 것은 충만한 순간을 발견하는 기회를 얻는 일이다. 인간이 이루어 낸 대단한 성공이나 업적이 아름다운 것이 아니다. 그 일을 해내기 위해 노력하는 인간이, 애쓰는 순간이 아름답다. 보이지 않는 고통과 걱정이 끊이지 않는 삶이지만 살아 내고자 하는 의지가 세상을 빛나게 한다. 기후 위기에도 자연은 생존하기 위해 고군분투하고, 인간은 열악해지는 노동과 환경 속에서도 서로 연대하며 삶을 이어간다. 알 수 없는 자연의 섭리처럼 우리도 본능적으로 세상을 지켜 내려는 투쟁을 벌인다.

수영장의 노인들에게도 짊어진 걱정과 고통은 많을 것이다. 그럼에도 앞으로 나아가려 힘차게 발차기하는 노인들에게서 나는 매번 충만한 에너지를 받는다. 여윈 다리로 최선을 다해 나아가는 마음이 우리가 가져야 할 고귀한 삶의 태도이다. 삶이 던져 놓은 고통의 의미를 고민하기보단 오늘의 발차기에 마음을 모으는 얼굴에서 나는 살아 있는 인간의 아름다움을 생각한다. 갓 태어난 아기의 울음소리에서 눈부신 생명력이 샘솟는다. 등교하는 초등학생의 조잘거림 속에서 경쾌한 생기를 느낀다. 어느 에너지가 더 아름답다고 견줄 수 없지만 실버수영단의 노인들이 내뿜는 활기찬 에너지에서 경건한 생동감이 전해진다. 생명력 자체가 발화하는 빛이다.

수영장을 나와서 꽉 끼는 수영모를 벗으면 주름은 제자리를 찾아가고 허리와 무릎은 다시 구부정해진다. 신데렐라의 마법이 풀리는 순간이다. 하지만 물속에서 힘껏 나아가던 힘으로 일상은 계속된다. 꽃무늬 원피스로 탈바꿈한 할머니들은 불편한 걸음걸이를 종종대며 집으로 향한다. 수영장 밖의 일상에서도 그들에게 숨어들 마법의 순간을 염원한다. 유순해진 햇빛의 열기가 수영장의 히어로들 어깨 위로 다정히 내려앉는다.

도망치지 않기
위해서지[*]

아이가 여행을 떠났다. 처음으로 혼자 떠나는 여행이다. 스무 살을 훌쩍 넘겼으니 그럴 만한 나이지만 엄마 눈엔 아직 어설프기만 하다. 돌이켜 보니 나도 그 나이쯤에 홀로 먼 대륙으로 떠났던 기억이 있다. 지금보다 훨씬 정보가 부족했던 시절이니 한참 더 서투르고 무모했다. 아이는 스스로 길을 찾고, 밥을 먹고, 어쩌면 용기 내 새로운 친구를 만들 것이다. 아이가 성장해 가는 모습을 지켜보면서 내 이십 대를

[*] 오에 겐자부로의 소설 『개인적인 체험』 속 주인공 버드의 대화에서 가져옴.

자주 떠올린다. 그 시절의 나는 지금의 나와는 다른, 마치 소설 속 낯선 인물처럼 느껴진다.

그 시절로 다시 돌아간다면 과연 더 잘 살아낼 수 있을까. 유려한 청춘 시나리오라면 적당한 시련과 최선의 선택이 조화를 이루겠지만 현실은 늘 허점투성이에 차선을 저울질하기 바빴다. 미성숙한 어른의 불안은 그림자처럼 따라붙었다. 그때의 나를 다시 마주할 수 있다면 갈팡질팡하던 마음을 괜찮다며 토닥여 주고 싶다. 어른이 된다는 건 삶에 책임 지는 일이라는 걸 살아가며 서서히 깨달았다. 스스로의 힘으로 노를 저어 나가야 했다. 물결이 거세져 배가 흔들려도 노를 내팽개치고 달아날 수는 없었다. 흔들림 속에서도 중심을 잡고 나아가던 시간은 외로운 사투였지만 어른이 되어 가는 과정이었다.

오에 겐자부로의 소설 『개인적인 체험』 속 주인공 버드는 인생의 경계에 선 남자다. 3개월 치 월급과 바꾼 아프리카 지도를 가슴에 품고 있지만 현실에선 분만 중인 아내가 기다리고 있다. 자신의 삶이지만 욕망대로 나아가기에 이미 배에 많은 것들이 연결되어 있다. 거세고 높은 파도 앞에서 미성숙한 청춘은 도망치고 싶어 한다. 고난을 직면할 용기도, 이겨낼 의지도 부족하다.

버드는 갓 태어난 아이가 '뇌 헤르니아'병이라는 통보를 받는다. 두개골 결손으로 뇌의 내용물이 빠지는 병이다. 수술한다 해도 식물인간이 될 가능성이 크다. 머리가 두 개 달린 붉은 괴물 같은 모습으로, 의료진마저 당황스러워했다. 버드는 아기가 살아남지 않기를 바란다. 우유 대신 설탕물을 줘서 점점 기력이 약해지도록 의사와 은밀히 공모한다. 버드는 현실에서 도망치기 위해 발버둥 친다. 아내로부터 멀어지기 위해 옛 여자친구 집에서 지내고, 밥벌이인 학원 강사 일도 엉망으로 만들어 버린다. 있는 힘껏 삶에서 달아나려 하지만 여전히 질기고 강력한 현실은 그를 놓아주지 않는다. 그에겐 여전히 살아 숨 쉬는 아기와 아내가 있다.

수술하자는 의료진의 설득을 뿌리치고 버드

는 아기를 불법으로 처리해 주는 시설에 보내기로 한다. 은밀한 범행은 아프리카로 떠날 기회에 가까워지는 일이자 버드가 자유로워지는 유일한 길처럼 느껴진다. 결국 버드는 아기를 보내지만, 그는 더 깊은 혼란 속으로 빠져들었다. 술에 의지하며 아무렇지 않은 척하지만 그럴수록 스스로에 대한 혐오와 무력감은 커진다. '아이를 보낸 나는 누구인가. 아이를 보내고도 왜 자유롭지 않은가.' 그제야 깨닫는다. 그가 보낸 것은 아이가 아니라 도망치려는 버드 자신이었다. 아이를 찾는 일이 스스로를 지키는 일임을 자각한다. 마침내 아기를 데려 오겠다고 결심하며 말한다. '그건 나를 위해서지. 도망치는 남자이기를 멈추기 위해서야. 도망치며 책임을 회피하는 남자가 되고 싶지 않기 때문이지.'

우리가 가장 두려워하는 것은 스스로를 잃어버리는 일이다. 내가 한 선택이 더 이상 '나'일 수 없다는 생각이 들 때 우리의 삶은 이미 보이지 않는 무언가에 점령당한 것이다. 타인의 조언과 선의에 이끌려 누구의 뜻인지 모를 방향으로 나아간다. 나로 살아가고자 하는 본능이 문득 질문을 던진다. '이것이 정말 내가 바라던 길이었을까?'

자신을 지킨다는 것은 홀로 서는 일이다. 외롭지만 내 선택으로 살아가는 일. 누군가에게 통제되지 않고 내 생각을 세워 결정하는 일. 그런 일에 좀 더 의연해지는 일이 어른이 되어 가는 과정이다. 이십 대의 버드에게 그 여정은 낯설고 버거운 일이었다. 나 역시 지나온 그 시절을 기억한다.

버드는 자조한다. '나는 아기 괴물에게서 도망치면서 무엇을 지키려 했던 것일까? 대체 어떤 나 자신을 지켜 내겠다고 그런 일을 시도한 것일까?' 평생 장애아의 아버지로 살아야 한다는 불안감은 여러 탈출구를 향해 그를 발버둥 치게 했다. 현실에서 도피하지만 그토록 갈망했던 자유는 오히려 공허로 다가온다. 다른 것으로부터는 도망칠 수 있지만 오직 자신으로부터는 도망칠 수 없음을 깨닫는다.

오에 겐자부로는 자신의 경험을 토대로 두

가지 이야기를 썼다. 하나는 『개인적인 체험』을 통해 긍정적인 결말을, 또 하나는 『허공의 괴물 아구이』라는 소설로 그 반대되는 상황을 이야기했다. 실제로 아이를 받아들일지 거부할지를 두고 고뇌하던 무거운 경험이 살아 보지 않은 삶을 상상하는 두 편의 소설로 이어졌다. 실제로 작가는 현실에서 도망치지 않는 인생을 살아 냈다. 장애가 있는 아들을 극복해야 할 운명이 아닌 '함께 살아가는' 삶이라고 생각했다. 아들 히카리가 태어난 후, 아들과 함께한 일 년이 그의 일흔 평생 가장 특별한 시간이었다고 훗날 고백했다.

아들과 함께한 시간은 작가를 더 깊은 경험과 사색으로 이끌었다. 세상과 연대하며 살아가는 삶의 실천이 아이와 함께한 시간에서 비롯된 셈이다. 오에 겐자부로는 우리가 맺는 모든 관계에 책임을 지고 연대하는 일이 얼마나 중요한지 삶과 글로 보여 주었다. 고뇌와 절망이 어떻게 희망으로 이어질 수 있는지 스스로의 생애로 증명했다. 개인적인 체험이 보편적 인간의 문제로 확장되면서 문학이 싹튼다. 개인의 경험은 사소하지만 이야기의 힘은 강하다. 작가의 『개인적인 체험』이 현재를 돌아보게 한다. 지금 나는 자신으로부터 도망치는 삶을 살아가고 있는 건 아닌가.

아이는 무사히 여행을 마치고 돌아왔다. 여행 중 겪은 좌충우돌의 에피소드, 다른 세상의 젊은이들 이야기, 그리고 낯선 장소에서의 새로운 발견을 생생히 들려주었다. 아이의 이야기를 들으며 마치 내가 겪은 듯 오감이 깨어났다. 익숙한 일상에서 벗어나 새로운 공간에서 마주한 자신의 모습에 아이는 어떤 생각이 자라났을까. 아이는 어른이 되는 길목으로 한 발짝 더 다가갔을지도 모른다. 집을 나선 발걸음이 앞으로 마주할 크고 작은 시련 앞에 도망치지 않을 용기로 이어지길 바란다. 흔들리는 세상의 모든 버드들이 스스로의 날갯짓으로 패기 있게 나아가기를 응원한다.

『개인적 체험』
오에 겐자부로, 을유문화사, 2009

존경과 응원의 우정

　　　　　　통영에는 '봄날의 책방'이 있다. 오밀조밀한 도로를 따라가다 보면 강처럼 흐르는 바다가 눈에 들어오고 그림 같은 작은 다리를 건너게 된다. 좁은 골목길을 구경하다 보면 통영중·고등학교도 만난다. 그 어디 즈음 조용한 마을에 헨젤과 그레텔의 오두막처럼 작은 책방이 숨겨져 있다. 흰 외벽에 있는 백석과 박경리의 초상화와 글귀가 오는 이를 반긴다. 화려할 것 없는 소박한 도시는 문인들의 반짝이는 문장을 소개하며 문학도시로서의 자부심을 은근히 드러낸다. 이곳은 '남해의봄날'이라는 출판사에서 운영하는 책방이다.

작은 방마다 다양한 컨셉으로 아기자기하게 꾸며진 공간은 책방이라기보다 애서가의 서재를 관람하는 기분이 들게 한다. 통영 출신 작가들의 방이 있는가 하면 이중섭 화가와 예술 관련 서적을 모아 둔 방도 보인다. 낯선 골목을 탐험하듯 호기심을 따라 책방지기가 고른 책들을 한 권씩 살펴보았다. 『친애하는 미스터 최』라는 사노 요코의 편지책이 눈에 들어왔다. 『100만 번 산 고양이』의 그림책 작가로도 한국에서 사랑받는 일본 작가이다.

책을 펼치며 독일 유학 시절부터 미스터 최(최정호 님)와 편지를 통해 오랜 우정을 나눈 사이라는 사실을 알게 되었다. 당시 최정호는 베를린 대학에서 철학을 공부하고 있었다. 일제 강점기와 전쟁의 참혹함을 기억하기에 사노 요코를 만날 때 일본에 대한 적대감을 시시때때로 드러냈다. 처음에는 미스터 최의 격렬한 분노에 불편했지만, 사노 요코는 그의 이야기에 점차 빠져들며 깊은 슬픔에 잠긴다. 한국 청년의 애국적 분노가 관심의 실마리가 되었고 결국 존경과 응원의 우정으로 발전하게 된다. 1960년대, 그들의 청춘 시절에 시작된 인연은 사노 요코가 암으로 별세한 2010년 즈음까지 이어진다.

　40년간 편지 친구가 된 관계의 힘은 어디서 오는 것일까. 민족 간의 불편한 앙금을 뒤로하고 서로를 격려하고 공감하는 힘의 원천은 무엇일까. 국적도 성별도 그리고 삶을 바라보는 태도에서도 공통점을 찾기 어려운 두 사람이었다. 철학을 공부하는 미스터 최와 그림을 그리는 사노 요코, 둘의 우정은 각자의 다름을 바라보는 호기심에서 시작되었다. 그들은 소소한 일상을 나누다가 문득 속내를 드러내기도 하고, 명랑한 농담 속에 숨겨진 반짝이는 삶의 진실을 발견하기도 한다. 주위의 시선을 의식하지 않고 감정을 솔직히 털어놓을 때 사노 요코 특유의 발랄하고 개구쟁이 같은 매력이 자연스럽게 넘친다. 진심을 다해 애정을 표현하는 솔직함과 관계를 소중히 여기는 작가의 성정이 편지 곳곳에 배어 있다.

상대에 대한 직관적 호감을 믿고 관계를 조밀히 쌓아 나가는 일은 스스로를 사랑하는 마음에서 시작된다. 철학자 아리스토텔레스는 『니코마코스 윤리학』에서 진정한 우애란, 좋은 사람의 경지에 이른 이들이 서로의 선함을 나누는 것이라고 말했다. 이익이나 유용성을 따지기보다는 각자의 선함을 거울 삼아 친교로 발전시킨다. 자신의 선함을 사랑함과 동시에 상대가 잘되기를 바라는 응원을 주고받는 것이라니, 미스터 최와 사노 요코의 우정은 아리스토텔레스의 철학적 의미에 정확히 부합한다. 그들은 상대의 반짝임을 더 밝게 비추면서도 스스로를 성장시키는 힘을 지녔다. 어딘가에 그토록 나를 믿고 응원해 주는 이가 존재한다는 사실만으로도 삶은 얼마나 풍요로웠을까.

연리지 나무가 떠오른다. 서로 다른 뿌리를 가진 나무가 나란히 자라면서 가지를 맞대어 하나로 엉키며 성장한다. 보통은 같은 수종끼리 일어나는 일이지만 때때로 다른 수종의 나무 사이에서도 연리지가 생긴다고 한다. 서로의 다름을 밀어내지 않고 함께 성장하는 모습이 우리가 기대하는 이상적인 우정과 닮았다. 탐험하듯 각자의 뿌리에서 받아들인 영양분을 나누고, 함께 성장하는 과정을 자연스럽게 받아들인다. 우리는 과연 상대의 다름을 얼마만큼 열린 마음으로 받아들이고 있을까.

  사는 곳도 살아가는 방식도 다르지만 서로의 생활에 관심을 기울이며 각자의 반경을 조심스레 공유하는 우정은 동화 같다. 게다가 교류 방법이 손편지라니, 지금의 독자들은 아마 그 번거로움을 다소 낯설게 느낄지도 모르겠다. 그들은 직접 우체국으로 가서 국제우편 창구를 통해 일주일 넘게 걸리는 편지와 소포를 주고받았다. 믿음과 기다림에 초연한 시대에 살았던 그들로서는 느리고 깊은 관계를 잇는 낭만적인 방법이었을 거다. 보이지 않는 존경과 응원은 삶의 마지막까지 지속되었다. 사노 요코는 세상을 떠나는 날까지 미스터 최와의 우정을 감사한 마음으로 간직하겠다고 고백했다.

어린 시절 내게도 일본으로 전학 간 단짝 친구가 있었다. 언젠가 다시 만날 수 있을 거라 믿으며 정성스러운 편지를 주고받았다. 그때도 손편지를 적어 편지의 중량을 재어 가며 국제우편으로 보내던 시절이었다. 말로는 다 전하지 못할 서로의 그리움을 표현하기도 하고 친구가 좋아할 작은 껌이나 예쁜 메모지를 편지에 숨겨 보내기도 했다. 편지를 보내고 우체국을 나서자마자 돌아올 답장을 기다렸다. 기다림은 친구를 생각하는 또 다른 그리움이었다. 지금 생각하면 멀지 않은 거리지만 그때엔 우리 사이를 가로막은 바다가 거대한 장애물처럼 느껴졌다. 달콤했던 우정의 편지가 어떻게 끊겼는지 이제는 기억이 희미하지만 그때의 애틋함이 지금도 아련하게 떠오른다.

사노 요코의 문장 중 "가난은 부끄럽지 않지만 부자가 되는 것은 무척 부끄럽습니다."라는 구절이 눈에 띈다. 삶에 대한 그녀의 태도가 잘 드러난다. 인생에서 소중한 것이 무엇인지를 체득했기에 최정호라는 인연을 소중히 이어 가며 좋은 작품을 쓸 수 있었나 보다. 사노 요코의 편지는 오천 자를 훌쩍 넘기는 긴 글이 많았는데 단순히 편지를 넘어 하나의 에세이 작품으로 읽어도 손색이 없었다고 한다. 혼자 읽기에는 아까운, 아름다운 작품이었다고 최정호는 '작가의 말'을 통해 전한다.

일본에 대한 적대감을 품은 채 마음을 닫았다면 이런 우정은 아마도 싹틀 수 없었을 것이다. 최정호는 책 서두에서 사노 씨와의 교제를 통해 한일 간의 경계를 넘어 같은 동아시아인으로 동지감을 느꼈다고 밝혔다. 민족이나 국적으로 선을 긋는 일이 타인을 향한 관심과 우정 앞에서 얼마나 무의미한 것인가를 생각하게 된다.

사노 요코는 암 투병 중에도 왕성하게 집필 활동을 이어 갔다. 미스터 최와 편지를 주고받으며 노년의 삶도 유쾌하게 가꾸었다. 그들의 변함없는 존경과 응원의 관계를 보며 오래된 우정이 얼마나 소중한지 깨닫게 된다. 지적이며 심미안을 갖춘 친구가 있다면 얼마나 풍부한 이야기를 나눌 수 있을까. 그 우정이 글을 나누는 사이라면 얼마나 더 아름다울까.

『친애하는 미스터 최』
사노 요코, 최정호, 남해의봄날, 2019

마리아와 마르타

 동생이 죽었다. 예쁘고 착하기만 한 동생이 자살했다는 연락을 받았다. 타인이지만 타인이라고 말할 수 없는 분신 같은 존재. 동생의 비현실적인 죽음 앞에 살아 있는 스스로가 어색하다. 내 일부가 사라지는 기이한 공허함을 어떻게 표현할 수 있을까. 박서련 작가의 『마르타의 일』은 자매라는 관계에 질문을 던진다.

어릴 적 엄마는 공공연히 말하곤 했다. 우리 자매의 사이가 좋은 건 언니가 착해서라고. 두 살 터울인 언니에게 자연스럽게 위엄과 책임감을 얹어 주는 말이었다. 주도면밀하지 않은 엄마의 성격을 고려하면 의도된 칭찬은 아니었을 거다. 동생으로서 억울한 마음도 있었지만 엄마의 판단이 틀렸다고 강하게 부정할 수도 없었다. 언니는 내게 다정하기도, 얄밉기도, 또 보호자 같기도 한 존재였다. 엄마의 습관적인 말은 언니를 '착한 딸'로, 동생은 '제멋대로 해도 괜찮은 딸'로 만드는 주술 같은 것이었다. 같은 유전자의 조합이니 성향이 비슷할 것 같지만 우리는 부모의 기대에 부응하듯 서로 다른 방향으로 자라났다.

나 역시 부모가 되어 성향이 다른 두 아들을 키웠다. 큰아이가 주어진 규칙에 크게 벗어나지 않는 편이라면 작은아이는 끊임없는 열정으로 자신의 세계를 추구하는 자유로운 영혼이다. 나와 남편의 어떤 부분이 아이들을 이토록 다른 성향으로 자라나게 했을까. 분주한 육아의 시간 속에서 문득 내 안의 숨겨진 나를 돌아보기도 했다. 각자의 개성이니 무엇이 더 낫다고 말할 순 없지만 그 다름의 이면에는 부모가 쏟은 거름의 불균형이 있지 않았을까 생각하게 된다. 서열에서 오는 기대와 육아 시점의 환경 차이가 변수로 작용했을지 모른다. 같은 뿌리에서 태어나 비슷한 바람과 햇볕을 받고 자란 열매라 해도 위치한 자리와 시기에 따라 다른 맛과 빛깔을 내는 건 어쩌면 당연한 자연의 이치일지 모른다.

부모로선 자식의 다른 점이 이래서 이쁘고 저래서 사랑스러운 이유가 되지만 자식의 입장에서는 불평등과 결핍, 혹은 질투로 이어지기도 한다. 부모의 사랑에도 애정의 틈새가 있어 다양한 감정 파편들이 아이들의 채 여물지 않은 감성에 생채기를 낸다. 태어나는 순간부터 경쟁과 비교가 시작되고 동지애와 사랑, 연민의 감정이 부속물처럼 뒤따른다. 『마르타의 일』을 읽다 보면 자매간의 사랑과 질투, 연대감이 이토록 입체적인 감정이었나 새삼 놀라게 된다.

'누워 있는 게 나였어도 엄마 아빠는 이렇게 울었을까?' 동생의 죽음을 확인하는 순간에도 언니 수아의 머릿속에 이런 의문이 생겨난다. 슬픔에 비켜서서 짐승처럼 울부짖는 엄마 아빠의 모습을 바라보며 그 사랑이 나를 향한 것과 다르지 않을까 하는 불안감이 밀려온다. 예쁜 동생이기도 하지만 엄마 아빠의 소중한 딸이기도 하다는 인정 사이에는 서걱거리는 불편함이 있다. 동생이 마리아라면 자신은 마르타이지 않을까 생각했던 수아는 그제야 동생을 향한 미끄덩한 감정의 실마리를 찾은 것 같다. 소설은 동생의 죽음을 밝혀내는 추리극으로 흘러가지만 동시에 언니의 감정 변화를 따라가는 자매의 서사이기도 하다.

성경 속 마르타와 마리아의 일화는 다양한 해석을 불러낸다. 이 이야기는 진정한 신앙 태도에 관한 일화로 소개되기도 하지만 마르타의 감정에 담긴 질투심에 초점을 맞추기도 한다. 마르타는 집에 방문한 예수 그리스도 앞에서 그의 말씀을 경청하느라 부엌일을 돕지 않는 동생 마리아를 못마땅하게 여긴다. 그때 예수는 마르타에게 마리아가 자신의 말을 듣는 일 역시 소중한 선택이라며 단호히 말한다. 예수님의 말씀에 귀 기울이며 사랑받는 마리아 뒤에는 묵묵히 그 상황을 뒷바라지하는 언니 마르타가 있다.

공부를 뛰어나게 잘해 인정받던 언니 임수아와 예쁘고 착해 주목받던 동생 임경아는 서로 다르게 살아가는 자매다. 각자 다른 장점을 가지고 태어났음에도 부모와 어른들의 칭찬 아래 자신의 장점을 강화하기도, 때로는 부족하다고 느끼기도 했을 거다. '똑똑한' 수아, '예쁜' 경아라고 불리지만 이름 앞의 수식어보다 훨씬 다채로운 본성이 내면에 있음을 가족은 깊게 고민하지 않는다. 동생을 누구보다도 잘 안다고 믿었던 수아는 그녀가 아는 건 단지 어렸던 동생의 한 단면에 불과했음을 뒤늦게 깨닫는다. SNS에서 '천사 같은 봉사녀'로 살아가던 셀럽 경아의 모습은 수아에게는 낯설고 생경하다. 이십 대의 셀럽에게 다가온 유혹과 위험 속에 아슬아슬했던 동생의 삶을 들추며 수아는 자신이 기꺼이 마르타 자리를 감당

할 수밖에 없음을 받아들인다. 질투라는 감정의 표면 아래에는 동생을 향한 깊고 묵직한 사랑이 자리 잡고 있음을 죽음을 파헤치는 과정에서 수아는 비로소 알게 된다.

성경 속 마리아와 마르타의 일화를 자매간의 질투나 시기의 문제로만 해석하는 것은 적절하지 않다. 마리아의 신앙이 예수님의 말씀을 경청하고 마음속 깊이 되새기는 것이었다면, 마르타는 몸을 움직여 손님을 환대하고 섬기는 신앙을 실천했다. 예수는 두 사람의 차이를 이해하고 있었기에 누구를 꾸짖기보다는 각자가 선택한 방식을 존중했던 것 같다. 행동하는 신앙과 경청하는 신앙이 모두 중요하기에 서로를 인정하고 기쁘게 받아들이길 예수는 기대했을 것이다.

삶의 방식을 신앙에 빗대어 생각할 수 있겠다. 한 울타리 안에서 늘 비교와 경쟁 속에 자라 온 자매였지만 이들은 세상을 각자 다른 방식으로 살아가는 독립적인 존재일 뿐이다. 내면에 심어 둔 씨앗은 각자의 본성에 따라 발아하고 성장한다. 언니 수아가 자신이 마르타라고 여긴 것은 부모의 기대에서 비롯된 부담감과 현실적인 책임감 때문이었다. 수아가 자신의 선택을 확신하고 그 삶을 인정받았다면 동생과의 관계가 달라졌을까. 자신의 삶에 온전히 집중하기보다는 늘 분주하고 불안해하던 성경 속 마르타의 감정에 먼저 빠져든 것은 아니었을까.

　수아는 억울한 죽임을 당한 동생을 위해 복수를 결심한다. 복수는 동생에게 미처 전하지 못한 사랑을 실천하는 방식이기도 했다. 사건의 진실을 파헤치며 수아는 이제껏 알지 못했던 동생의 모습을 점차 이해하게 된다. 외롭고 긴 복수의 시간은 떠나간 동생을 충분히 애도하고 깊이 그리워하게 했다. 소설 말미에 수아는 동생의 미래를 상상한다. 동생이 데려왔을 배우자, 그 사이에 태어났을 아이들. 가질 수 없는 미래이기에 상상은 더 애틋하고 사랑스럽다. 슬프고 억울한 현실이지만 동생을 충분히 애도하며 보냈기에 가능한 상상이었다.

나와 언니 사이에도 보이지 않는 마리아와 마르타의 관계가 존재했다. 어렸던 언니에게 마르타의 역할은 선택이라기보다는 주어진 환경 속에서 감당해야 할 몫이었을 것이다. 분주했던 마르타 역할에 '착한 언니'라는 책임과 위엄은 언니에게 기쁨이 되었을까. 되돌아갈 수 있다면 '착한 언니'의 허울 대신 언니가 선택하고 싶었을 새 옷을 입혀 주고 싶다. 어린 시절 우리의 관계는 부모의 영향 아래 형성되었지만, 성인이 된 지금은 자매라는 이름의 옷을 벗고 각자 독립적인 존재로 새로운 관계를 만든다. 혈연 관계일지라도 그 깊이와 온기는 각자의 노력에 달려 있다. 다행히 우리 자매는 지금껏 좋은 관계로 지낸다.

서로에 대한 이해란 어쩌면 단편적이거나 때로는 오해에 불과할지도 모른다. 동생이라는 자리에서 바라본 언니의 모습은 단지 '열매'의 한 면일 뿐이다. 상대를 향한 애정으로 열매의 다른 면을 상상하고 그려 본다. 내가 알던 익숙한 모습과 예상하는 다른 면모로 우리는 서로를 이해하고 관계를 성장시켜 나갈 수 있다. 게다가 우린 같은 바람과 햇볕을 나눈 평생의 동지이지 않던가. 모든 걸 다 알아야 온전히 사랑할 수 있는 것은 더더욱 아니다.

마르타로 마리아로 이름 붙인 열매 위에 햇살은 쉼 없이 움직이며 비춘다. 질투나 비교의 그림자가 햇살을 가리지 않길, 각자 본연의 아름다움으로 다르게 빛나길 바란다. 마리아와 마르타라는 각자의 이름으로.

『마르타의 일』
박서련, 한겨레출판, 2019

생이 주는
선물

　　　　　　산책에서 돌아오는 길, 우편함에 꽂힌 편지 하나가 눈에 띄었다. 밋밋한 흰 봉투라 요즘도 우편으로 전단지를 보내나 했는데 익숙한 글씨체가 눈에 들어왔다. 큰아이가 쓴 내 이름이었다. 아이는 입시에 재도전하겠다고 집을 떠나 기숙학원에서 지내고 있었다. 연애편지를 받은 것처럼 가슴이 두근거렸다. 얼른 집으로 달려와 조심스레 봉투를 뜯었다.

　'엄마, 아빠 보세요.' 아이의 글이 편지지 한 장을 빼곡히 채우고 있었다. 성인이 되어 처음 맞이하는 어버이날이라고 운을 뗀다. 처음

집을 떠나 가족을 객관적으로 바라보게 된 감정, 성인이 되어 부모의 역할을 상상하며 엄마 아빠를 바라보는 심정이 단정하게 적혀 있었다. 순간 눈앞이 흐려졌다. 어리기만 하다고 여겼는데 어느새 자라 이렇게 깊은 마음을 전하는구나 싶어 감정이 북받친다. 속마음을 잘 표현하지 않던 아이의 고운 생각을 한 줄 한 줄 아껴 읽었다. 지금까지 아이를 키우는 게 내 노고라 여겼는데 이제 보니 내가 받은 귀한 선물이었다. 이런 기쁨을 준 아이에게 나는 평생 사랑을 다 주어도 부족하겠다 싶었다.

'아이를 키운다는 건 기쁜 건 더 기쁘고 슬픈 건 더 슬퍼지는 일 같다.'는 누군가의 말이 떠오른다. 아이와 함께한 시간은 인생을 더욱 깊고 진하게 만들었다. 작은아이의 사춘기 일상을 아슬아슬한 마음으로 지켜보고 있었는데 큰아이는 또 다른 물결을 일으키며 긴 인생의 파도를 느끼게 한다. 한결 마음이 유연해졌다.

엄마란 역할은 끊임없이 나를 돌아보게 했고 좀 더 나은 어른이 되지 못한 자신을 자책하게 했다. 아이가 사춘기의 긴 터널을 지나갈 때, 처음 겪는 어려움에 어찌할 바 모를 때 힘이 되고 싶었지만, 늘 서투른 엄마였다. 소중한 게 무엇인지 모른 채 우왕좌왕하는 순간이 많았다. 진심을 제대로 표현하지 못했지만 그래도 네 힘듦을 공감하고 있다고, 네 마음을 알고 있다고 이야기해 주고 싶었다.

아이를 키우며 마음이 고단해질 때면 박완서 작가의 글을 읽었다. 작가는 내게 어머니 같은 어른이다. '누구세요?' 하실지 모를 일이지만 짝사랑의 특권이 아닌가. 그의 글을 짬 내 읽으면 봄기운에 마음이 살짝 부풀듯 위안을 받았다. 어떤 순간엔 뭐 그런 일로 징징대냐며 엄하게 꾸짖는 것 같았고 또 어떤 때엔 나도 그런 기분이 들 때가 있다며 토닥이기도 했다. 가끔 누군가를 향해 꼬이거나 불편한 속내를 거침없이 표현할 땐 인간적인 면모가 느껴져 그것마저 좋았다.

2011년 1월, 뉴스 자막에 '작가 박완서 타계'라는 문구가 무심히 지나갔다. 주변의 소음이 모두 사라지고 내 안의 무언가가 녹아내려 몸이 아래로 가라앉는 것 같았다. 혹시나 세상을 떠난 그가 주변에서 나를 바라보고 있지 않을까. 호흡을 가다듬고 주위를 둘러보았다. 고요 속에서 선생의 수줍은 미소를 마음에 그려보았다. 단 한 번도 인사를 나눈 적 없지만 나는 늘 박완서 작가가 내 곁에 머무르고 있다는 착각을 하며 살았다. 여기저기서 그의 존재가 글로 다가왔다. 단 한 줄로 통보된 부고가 거짓말 같았다.

작가가 세상을 떠난 이후에도 그의 정신은 늘 가까이에 머물렀다. 5주기 대담집으로 출간된 『박완서의 말』에서 그는 이런 말을 인용했다. "인간이란 존재는 부재 속에서도 존재한다." 선생은 사랑하는 아들과 남편을 잃고 힘든 상실의 시간을 보냈다. 사랑하기에, 부재하지만 존재하는 듯 그들을 기억했다. 내게는 작가가 이 세상에 부재하지만 글로써 우리 마음에 공존한다는 의미로 다가온다. 독자에게 오랫동안 기억에 남는 작품을 남긴다는 건 작가가 누릴 수 있는 특권이자 최고의 공덕이 아닐까 싶다.

얼마 전 박완서 작가의 큰딸 호원숙이 출연한 방송을 보았다. 웃는 모습이 박완서 선생의 미소를 닮아 있어 반가웠다. 오십이 넘어 작가로 데뷔했다는 그는 엄마와의 기억을 간직하고자 글을 쓰기 시작했다. 호원숙이 기억하는 엄마 박완서는 어땠을까. 도스토옙스키의 『죄와 벌』을 실감 나게 이야기해 주던 엄마에 대해 말했다. 그 이야기에 이끌려 실제로 책을 읽었을 때 느꼈던 감동을 표현했다. 아련해진 눈빛으로 그 순간을 떠올릴 때 나는 그녀가 참으로 부러웠다. 비가 내리던 밤, 자녀들에게 「봄비」라는 시를 낭독해 주며 운치를 느끼게 해 준 박완서 선생을 상상한다. 아름다운 어른이 자신이 느낀 감동과 사랑을 아이와 함께 나누는 모습이 아련하게 그려졌다.

호원숙 작가는 엄마로부터 문학이라는 생의 선물을 받았다. 선생이 낭독해 주던 시와 이야기는 그에게 문학의 알찬 씨앗이 되었다. 하지만 대작가인 엄마가 늘 햇볕이 되어 준 것만은 아니었다. '작가 박완서'라는 큰 나무가 때로는 깊은 그늘이 되기도 해서 작가로 성장하는 데에 장벽으로 느껴지기도 했다. 딸에게 거리감을 두기도 하고 때로는 차갑게도 느껴졌던 선생의 개인주의 성향은 호원숙에게는 특별한 기운을 주었다고 한다. 문학이라는 씨앗과 작가로서 냉정한 태도를 그는 엄마에게서 배웠다.

나도 아이와 함께 쌓아 올린 시간을 떠올려 본다. 엄마와 아이의 관계는 세상에 태어나 가장 먼저 만나는 원초적인 연대가 아닌가. 처음 느꼈던 보드라운 살갗의 촉감, 새로운 맛을 알아 가고 꽃의 아름다움을 함께 느끼던 수많은 순간이 있었다. 그 기억들은 아이에게도 엄마에게도 생의 선물이 된다. 어떤 위태로운 상황에서도 우리가 나눈 따뜻한 연대를 기억한다면 언제든 일어날 수 있는 기운을 얻게 될 것이다.

아이에게 엄마가 되어 주는 일, 어른이 되어 주는 일은 힘겨운 세상을 견디고 지속하게 해 주는 힘이 된다. 존재하지 않더라도 작가의 글이 위로가 되었고, 엄마와의 기억이 문학에 다가가게 했다. 이 모든 게 우리를 결속시키고 앞으로 나아가게 하는 원동력이다. 산다는 것은 보물찾기하듯 아름다운 것을 발견하는 순간에 의미가 있다. 박완서 작가는 인생에 귀하고 좋은 것이 얼마나 차고 넘치는지 사람들은 잘 알지 못한다고 했다. 그 귀함과 아름다움을 슬며시 손 내밀어 보여 주는 어른이 되고 싶다. 낭만적인 엄마이기도 했던 작가의 영혼에 마음을 기대어 함께 시를 읊고 사랑을 나누는 어른이 되길 꿈꾼다.

아이는 달콤한 문장으로 편지를 마무리했다. '엄마, 우리 가족 속에서 잘 성장하게 해 줘서 감사해요.' 내가 받은 잊지 못할 생의 선물이다.

꿈은
도망가지 않는데

2025년 2월, 김영미 대장이 남극 대륙 횡단에 성공했다는 뉴스가 전해졌다. 남극 허큘리스 인렛(남위 80도)에서 출발해 남극점을 지나 1,700km를 단독으로 횡단했다는 한 줄의 보도였다. 짧은 기사를 읽고 또 읽으며 그가 걸어간 보이지 않는 길을 상상했다. 눈보라 치는 설원, 그가 마주했을 풍경을 그리니 가슴이 먹먹해진다.

순백의 평원, 세상의 끝이자 시작이다. 방한화로 깊게 찍어 낸 발자국은 금방 눈에 묻히고 100kg의 썰매가 만든 눈길은 눈바람에 사정없이 지워진다. 여름임에도 영하 삼십 도에 이른다. 오직 바람 소리만 존재할 뿐 광활한 설원과 청명한 하늘 아래 아무것도 존재하지 않는다. 하늘과 땅의 경계가 모호한 그곳에 지구 반대편에서 날아온 작은 한국 여자 산악인, 김영미 대장이 서 있다.

사실 김영미 대장은 나만의 인물 사전에 등록된 멋진 여성 중 맨 앞장에 등장한다. 지난 2023년 '한국 최초 무보급 단독'이란 수식어로 남극점에 도달했을 때 나는 '최초', '무보급', '단독'이라는 세 단어에 꽂혀 며칠을 끙끙댔다. 세 단어 뒤에 숨겨진 용기와 외로움, 그리고 강단과 도전. 그가 품었을 단단한 기운이 줄곧 머릿속에 맴돌아 마음을 꿈틀대게 했다.

첫 남극점 탐험 후 그의 인터뷰가 9시 뉴스에서 방송되었다. 그는 막 소행성에서 도착한 어린 왕자 같았다. 잔잔한 미소에 진지하고 맑은, 꿈꾸는 눈빛이었다. 우리가 알지 못하는 세상과 경험을 묘사할 때 그는 마치 설원에서 새겨둔 감각 세포 하나하나를 불러오는 듯했다. 하지만 어떤 완벽한 언어로도 남극에서의 순간을 그대로 전달하기는 힘들어 보였다.

 김영미 대장은 꿈에 대해 이야기했다. 오롯이 남극을 꿈꾸었지만 꿈을 향한 준비는 길고 지난했다. 간절한 기다림이 꿈을 향한 마음을 더 애타게 했다. 눈 덮인 땅 아래에서 봄을 준비하는 생명처럼 가까이 오지 않는 꿈을 품고 스스로를 단련하는 시간이 필요했다. 앵커는 혼자 남극에 머물 때 외롭지 않았냐고 물었다. 그는 수줍은 미소로 남극에서의 외로움보다 서울에서의 외로움이 더 컸다고 말했다. 남극을 향한 꿈은 도망가지 않지만 꿈에서 멀어지는 건 자기 자신이었다. 꿈을 지키기 위해 애쓰는 순간이 더 외롭고 힘든 시간이었다고 고백했다.

 아! 꿈을 간직한 인간은 얼마나 깊게 빛날 수 있는가. 김영미 대장은 꿈에서 멀어지지 않기 위해 남극의 시간을 수없이 그리며 마음을 다졌다. 멀리서 반짝이는 별을 바라보며 남극에 서 있을 자신의 모습을 떠올렸다. 잡히지 않던 꿈이 현실이 되어 극한 추위 속 얼어붙은 침낭에 누웠을 때 그제야 살아 있다는 기쁨을 온몸으로 느꼈다. 혹독한 눈바람은 그의 열망을 더 날카롭고 또렷하게 벼리었다. 텐트 밖을 나서면 그토록 꿈꾸던 남극이 마주하고 있다는 사실이 외로움을 잊게 했다.

그에 대한 한 줄의 기사가 이토록 내 마음을 흔든 이유는 무엇이었을까. 꺼내고 싶은 욕망을 시원하게 내지르지 못한 아쉬움 때문은 아니었을까. 마치 그의 성공이 나의 것인 듯 기쁘고 설렜던 건 내 안에 숨은 자라지 못한 꿈 때문이다. 작은 희망을 품고 있지만 일상의 분주함 속에 점점 희미해지는 안타까움 때문이었다. 그의 빛나는 순간에 미처 영글지 못한 나의 꿈을 쥐고서 그녀의 기쁨에 함께 닿아 있었다.

엄마와 주부로 사는 하루하루는 소중했지만 어딘가 비켜선 듯한 순간들이 있었다. 멈춰 있던 내 시간을 조용히 되살린 건 책과 글이었다. 작가의 손을 잡고 그들의 이야기에 귀 기울이는 일은 섬세한 울림을 주었다. 내 생각이 타인의 것처럼 희미해지고 세상에서 소멸되어 간다는 기분이 들 때 책은 명료한 언어로 정신을 일깨웠다. 그들의 문장을 따라 내 언어를 찾는 일은 미처 발견하지 못한 숨겨 둔 자아를 찾는 일이었다. 답 없는 메아리 같은 질문도 있었다. 아무도 알아주지 않는 글이 무엇이 될까 고민하기도 했다. 지금 생각하면 김영미 대장이 말한 '꿈에서 멀어지는 일상 속 외로움'이었다. 그럼에도 세상의 놀라운 책들은 꾸준히 희열과 감동을 주며 지치지 않게 나를 응원하고 있었다.

멀고 험난한 남극 완주의 길이 김영미 대장에게도 외롭지 않았던 것은 아니다. 단독 원정이 힘든 이유는 짐을 나눠 들지 못해서도, 함께 길을 찾지 못해서도 아니다. '우리 같이 힘내자'라고 서로 위로해 줄 이가 없기 때문이다. 위로와 응원에 가장 굶주렸다고 대장은 말했다. 그는 자연의 물소리, 바람 소리 그리고 사랑하는 이들의 응원 목소리를 녹음했다. 거친 바람 소리만 휘몰아치던 텐트에서 친숙한 음성을 들었다. 그리운 이들이 고단한 여정을 상상하며 응원과 애정을 표현했다. 그 사이 끼어든 떨리는 호흡도 김영미 대장은 숨죽여 들었을 것이다. 그 온기가 매서운 눈보라를 잠재운다. 담아간 소리는 따스한 공간이 되어 위로를 얹는다. 그는 혼자 걸었지만 혼자 걸은 게 아니었다.

 책을 읽고 글을 쓰는 일도 외로운 일이지만 늘 혼자 하는 것만은 아니다. 책을 함께 읽는 이들이 있어 이야기는 더 깊고 풍성해진다. 혼자라면 시도하지 않았을 책을 만나고, 서로의 다양한 감응을 주고받는 일은 내 안의 틀을 깨는 도끼가 된다. 함께 쓰고 생각을 나누는 글동무들이 있어 포기하지 않고 쓰고 또 쓴다. 그들은 꾸준히 나를 채찍질하고 격려해 주는 귀한 스승들이다. 잠시 잊고 있을 때 네 꿈은 저기 있지 않느냐고 함께 바라봐 준다. 함께 가기에 힘이 나고 충만한 순간들이다.

 김영미 대장은 그를 붙들어 준 응원의 힘으로 무사히 돌아왔다. 자연에서 받은 영감과 감동을 일상의 순간순간에서 마주치게 된다고 한다. 사랑하는 이들의 온기를 느끼기 위해 자신은 너무 먼 곳을 다녀왔다며 웃었다. 남극이 극한으로 춥고 거칠었지만 그래도 힘든 날보다 따뜻하고 맑은 날이 많았다고 회상했다. 꿈에 한 발짝 다가간 이의 생생한 언어가 생명수처럼 달다.

'오늘도 한발 한발 최선을 다해 걸어가기' 김영미 대장은 SNS에 이런 문장을 남겨 두었다. 그녀가 꿈을 향해 나아가는 하루치의 힘이다.

2장

마음에
들어오는 것들

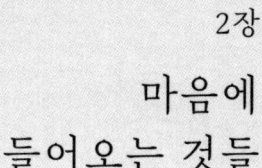

내 가슴에는
사슴섬이 있다

추운 겨울밤이었다. 외벽이 부실했던 관사는 보일러를 올려도 찬 기운이 가시지 않았다. 초저녁부터 내린 싸락눈이 조금씩 쌓여 가고 있었다. 눈을 보기 힘든 곳에서 자란 나는 일찌감치 저녁을 먹은 후 눈길을 걸어보자 마음먹었다. 옷을 단단히 껴입고 장갑을 끼고 남편과 함께 대문을 나섰다. 휑했던 집 앞 벌판에 눈이 소복하게 덮여 있었다. 까만 밤과 흰 눈이 펼쳐진 광경이 아름답고도 기이했다. 외계의 어느 행성에 도달한 것 같은 착각을 불러일으켰다.

'와!' 하고 탄성을 지르려는 순간 남편이 내 팔을 잡았다. 멀지 않은 벌판에 뭔가 반짝이는 게 있었다. 호기심과 두려움이 밀려왔다. 어둠 속에서 빛이 반짝하며 신호를 보내는 듯 우리를 향하고 있었다. 사슴이었다. 감정이 느껴지지 않는 차분하고 담담한 눈빛이었다. 서로를 응시하며 숨이 멎을 듯 빨려들어 갔다. 짧고도 긴 침묵 속에 내가 사슴인 듯 그들이 사람인 듯 서로의 시선에서 벗어날 수가 없었다. 다섯 아니 여섯 마리쯤이었을까. 한참 우리를 바라보더니 안심한 듯 고개를 숙여 다시 풀 냄새를 맡았다. 어둠에 눈이 익숙해지자 사슴 머리 위로 우아하게 솟은 뿔도 보였다. 거리를 알 수 없는 어둠과 반짝이던 눈빛과 그 사이에 기품 어린 자태로 서 있는 사슴 무리는 오래된 산수화에서나 볼 수 있는 풍경 같았다. 차가운 공기의 느낌이 없었다면 한 폭의 그림 같은 순간을 꿈이라고 생각했을지도 모르겠다. 그들 중 털빛이 하얗게 빛나는 사슴이 있었는데 그 순간 섬의 이름이 머리를 스쳤다.

소록도였다. 작고 외진 섬의 이름이 '작은 사슴'이라니 아름답고 애잔한 여운을 준다. 일제 강점기 시절, 한센병 환자들을 격리 치료하는 목적으로 이곳에 국립병원을 설립했다. 당시엔 병원이 아닌 갱생원이라 불렀다. 전국 각지에서 강제로 보내진 환자들은 가족과 생이별하고 외부와 단절된 채 섬에서 외로이 살았다. 한센병에 대한 오해로 환자들은 오랫동안 핍박받았고, 비인권적인 사건도 무수히 많았다. 가슴 아픈 역사와 한센병에 대한 오해로 사람들이 쉽게 발걸음하지 않는 섬이었다.

결혼 후 남편이 그곳에서 일 년 동안 근무하게 되었다는 이야기를 들었을 때 왜 하필 그 먼 곳인가 생각했다. 서울 고속 터미널에서 버스를 타면 다섯 시간을 쉬지 않고 달려서야 녹동항에 닿았고 다시 배를 타고 들어가야 섬에 도착할 수 있었다. 우리가 섬에서 지낸 2002년에도 한센병 환자와 가족들이 대부분 거주하고 있었다. 아름다운 섬 곳곳에는 그 시절 강제 노역의 흔적이 숨겨져 있다. 참담했던 역사를 지닌 만큼 많은 주목을 받아 유명 정치, 문화계 인사들의 방문이 잦은 곳이기도 하다.

    그날 밤 풍경에 대해선 어떤 남겨진 기록도 없다. 사진 한 장으로라도 남길 수 없었던 불완전한 기억이지만 선명한 이미지로 간직하고 있다. 추운 겨울날 먹을 것을 찾기 위해 마을까지 내려온 그들의 표정은 두렵기보단 순진무구해 보였다. 별빛 아래 서로를 해치지 않을 거라는 믿음의 눈빛을 주고받는 순간, 내 존재가 무해하다는 인정을 받은 것 같아 가슴이 벅차올랐다. 그저 마주 보는 것만으로도 하나가 되는 충만한 기분이었다. 사슴도 나도 서로의 종을 잊었다.

    섬을 드나드는 배는 낮에만 운행되었기에 밤이 되면 인적이 끊겼다. 흔한 민박집도 식당도 찾아볼 수 없었다. 소록도는 중앙공원이라는 작은 공원을 사이에 두고 한센병 환자, 가족들이 지내는 환자마을과 병원 직원들이 거주하는 직원마을로 구분되어 있었다. 낮에는 주민들이 낚시도 하고 밭일도 하며 여느 농촌과 다름없는 일상을 보냈다. 저녁이 되면 모두들 집으로 돌아가 섬의 안락한 날갯죽지 아래 고요한 시간을 보내는 것 같았다.

우리가 지냈던 관사는 방 한 칸 그리고 작은 부엌이 딸린, 아파트로 치면 열 평도 되지 않는 작은 주택이었다. 문을 열면 넓은 벌판이 보였고 이백 미터 정도 좁은 길을 걸어 나가면 한적하고 청정한 해수욕장이 펼쳐져 있었다. 지금 생각하면 도시인들이 꿈꿔 보는 '한 달 살기'에 최적화된 집이 아니었나 싶다. 멀리 숲속에서는 고라니인지 사슴인지 모를 야생동물의 울음소리가 드문드문 들려왔고, 가까이에선 먹다 남긴 멸치 꽁다리라도 얻기 위해 고양이들이 울어 대곤 했다. 낯선 풍경이었지만 자연스러운 일상이었고 뭐 하나 급할 게 없던 평화로운 시간이었다. 그곳에서 우리가 한 일이라곤 고요한 바다를 바라보며 낚시하기, 물때 맞춰 조개 캐기, 산책하며 이웃의 일상을 구경하던 일이 다였으니 이런 여유 있는 시절이 다시 올까 싶다.

처음엔 시골의 밤이 얼마나 아름답고 신비로운지 알지 못했다. 불빛 가득한 집에서 문을 열고 어둠 속으로 나가는 일은 광활한 우주 밖 첫 걸음을 내딛는 일이었다. 도시에서만 생활했던 나는 어둠 속에서 무엇이 나타날지 상상하기 어려웠다. 공기를 흔드는 바람 소리와 정체 모를 생명체의 바스락대는 소리, 표현할 수 없는 울음소리가 간간이 밤의 정적 속으로 파고들었다. 소록도의 밤에 조금씩 익숙해지고 나서야 집 밖으로 나갈 수 있었다.

처음 바라본 어둠 속의 별빛을 잊을 수 없다. 하늘이 거대한 강물처럼 반짝임으로 은빛 물결을 이루고 있었다. 별빛 하나하나에 생명이 있어 나를 중심으로 천천히 돌며 움직이는 것 같았다. 우주가 축제를 벌이듯 춤을 춘다. 가만히 바라보고 있으면 내 존재가 작은 점으로 변해 우주로 스며드는 것 같았다. 하늘은 깊었고 나는 별보다 작은 티끌이었다. 섬의 밤은 길었고 적막했고 신비로웠다.

이듬해 봄, 우린 소록도를 떠났다. 아쉬웠

지만 더 오래 머물 수 없는 상황이었다. 부산에 돌아와서도 섬을 잊지 못해 두어 번 방문했지만 사슴을 다시 만나는 행운은 없었다. 소록도를 찾는 관광객이 늘어났고, 섬이 점차 개방되어 다리가 놓일 거라는 소식을 들었다. 배를 타지 않아도 쉽게 섬과 육지를 왕래할 수 있을 거라고 했다. 그런 편리가 강제 격리의 기억을 지닌 소록도 주민들에게 어떤 마음이 들게 했는지는 잘 모르겠다. 잠깐 머물렀던 나는 숨겨둔 보물을 들킨 아이의 심정이었다.

    섬에 대한 애틋함이 늘 가슴에 머물러 있다. 사람들이 다 떠난 후의 해수욕장과 몇 안 되는 아이들이 다니던 아담한 분교, 강제 징역의 아픔이 새겨진 공원, 섬의 역사를 지켜본 아름드리 후박나무, 깨끗한 바다 갯벌에서 건져 올린 바지락조개의 신선하고 비릿한 냄새가 아련한 기억으로 저장되어 있다. 섬은 그리움을 불러일으키지만 선뜻 발걸음이 향해지진 않는다. 다시 마주하게 될 섬이 전과는 다른 모습으로 다가올까 두렵기 때문이다. 마음속에 간직해 온 별빛과 청아한 눈빛의 사슴을 잃고 싶지 않다. 소록도는 소중하기에 멀리서 지켜 주고 싶은 곳이다. 내 존재가 자연의 일부분이었던 소록도의 기억은 기둥처럼 내 삶을 지키고 있다.

씨앗의
안부

'엄마, 식물은 뇌가 어디에 있을까?', '엄마, 나는 작은 새로 태어나고 싶은데 엄마는 뭐가 되고 싶어?' 작은아이는 궁금한 게 많았다. 맑은 눈망울엔 호기심이 알알이 맺혀 늘 반짝거렸다. 어린 철학자의 질문은 구슬처럼 굴러와 분주한 하루를 잠깐씩 멈추게 했다. 어느 날, 아이는 먹고 남긴 레몬 씨를 골똘히 바라봤다. '작은 씨앗이 다시 레몬이 될까?' 아이는 어느새 화분을 찾아 왔다. 망설임 없이 흙을 파고 씨를 심고 물을 주었다. 매일 아침 아이는 숨겨 둔 씨앗에게 안부인사를 건넸다. 레몬을 초조하게 기다리는 어린 농부의 마음이 되었다.

작은 싹을 발견한 건 몇 주가 지나서였다. 아이의 관심이 살짝 느슨해진 틈을 타 기습적으로 나타난 생명에 아이는 폴짝폴짝 뛰며 기뻐했다. 순하고 보드라운 연둣빛 새싹이 수줍은 얼굴을 내밀었다. 아파트 화단에서 만났다면 잡초라 여기고 그냥 지나쳤을 모습이지만 아이에겐 신비로운 우주의 탄생이었다. 토분 안에서 작은 씨앗은 대체 어떤 비밀스러운 혁명을 일으켰길래 생명을 입고 소리 없이 나타난 걸까. 아이와 함께 부지런히 물을 주며 돌봤다. 일곱 살 아이가 심은 씨앗은 아이와 함께 자라 지금은 열다섯 살 레몬 나무가 되었다.

거름도 없이 물과 햇빛만으로 자라니 키만 크고 꽃 한 번 피우지 않았다. 그래도 계절이 바뀔 때마다 새 잎을 끊임없이 피워 올린다. 잎을 살짝 문지르면 은은한 레몬향이 났다. 씨앗 하나가 나무가 되어 거실 한 자리를 차지하는 가족이 되었다. 분갈이를 몇 번 거치는 수고도 없었으니 반려식물이라 이름 붙일 만하다. 아이가 자라 타지로 떠난 후에도 우리 부부는 그리운 아이 보듯 나무를 아끼고 보살폈다.

레몬 나무가 몸소 보여 주는 진리는 명쾌하다. 씨앗이 발아해 새싹이 되고 새싹은 햇빛을 머금고 물을 받아들여 나무가 된다. 정원에서 키웠다면 새와 벌이 오가며 꽃도 피우고 열매까지 맺었을지 모른다. 지극한 정성이 더했다면 좀 더 건강하고 풍성한 나무로 자랐을 거란 상상도 하게 된다. 생명의 순리 앞에 자식처럼 농작물을 들여다보는 농부의 심정을 감히 짐작해본다. 세심히 살피고 마음을 주는 건 사람을 돌보는 일과 다르지 않다. 정성만큼 나무도 힘을 낸다.

관계도 나무처럼 자란다. 씨앗을 향한 호기심이 나무가 되어 자라듯 타인을 향한 관심은 오랜 세월을 함께하는 사이로 발전한다. 아이가 귀엽다며 말을 걸어온 이가 지금은 이십 년이 넘는 우정을 나눈 동네 언니가 되었다. 필라테스를 처음 시작할 때 서툰 동작을 격려해 주던 이가 지금은 소소한 일상을 나누는 언니,

동생이 되어 함께 세월을 쌓아 간다. 나란히 햇살을 받고 비를 나누고 태풍을 견디면서 서로의 그늘이 되어 주었다. 나무를 잘 키우기 위해 고민하는 것처럼 좋은 동반자가 되어 줄 궁리를 하면 관계에도 서서히 힘이 생긴다. 잘 자란 나무가 아늑한 녹음을 안겨 주듯 좋은 사람과의 관계는 곁에 있는 것만으로도 지친 마음에 휴식을 준다.

너무 많은 나무는 벅차다. 내 시선이 충분히 닿을 수 있는 정도면 좋겠다. 잎색이 변하진 않았는지 줄기에 진드기가 생기진 않았는지 살피고 만져 줄 수 있는 정도가 좋다. 부드러운 새싹 아래에는 생명을 향한 은밀한 투쟁이 이어지고 작은 잎새는 레몬향을 머금은 채 몸집을 불린다. 가녀린 줄기는 햇살을 쫓아 살짝 휜 채 뻗어 나간다. 그들의 놀라운 생명의 기세에 마음이 흔들린다. 오래 들여다보고 키운 식물에 어느새 내 얼굴이 스며든다.

남편이 다시 레몬 씨앗을 심었다. 두 번째 도전인 만큼 기대도 크다. 잘 키우고 싶다며 마당 있는 집으로 이사 가는 꿈을 꾼다. 새싹이 작은 꿈 하나를 품었다. 열다섯 살이 된 레몬 나무도 여전히 소홀히 할 수 없다. 반짝이던 눈빛으로 씨앗을 심던 아이 얼굴을 떠올리며 정성을 다한다. 레몬 나무는 아들을 향한 그리움을 안고 자란다.

혼자
산에 오르면

고요한 새벽, 나의 하루가 깨어난다. 하늘은 이미 청명한 빛으로 세상을 물들이고 있다. 아이를 학교에 데려다주는 월요일은 새벽부터 분주하다. 아이를 깨우고 어젯밤 싸 놓은 기숙사 짐을 눈으로 훑어본다. 아침밥을 차리고 나설 채비를 한다. 돌아오는 길에 산에 오를 생각을 품으니 절로 신이 난다. 서둘러 배낭을 꺼냈다. 반나절 산행을 위한 배낭은 소박하다. 얇은 배낭에 물통 하나, 커피 네 모금 정도의 보온병, 아무 데나 앉을 수 있는 접이 방석 하나, 적당한 챙의 모자, 그리고 제

일 중요한 것은 마음에 드는 책 한 권이다. 더 추워지기 전에, 혹은 더워지기 전에 가야 한다는 생각으로 봄, 가을이면 마음이 먼저 산으로 달려간다. 낡은 등산화는 차 트렁크에 늘 대기 중이다.

혼자 산을 오르는 일이 처음에는 용기가 필요했다. 가끔 뉴스를 통해 들려오는 사건, 사고가 생각나기도 하고 위급한 상황에 어떻게 대처할지 고민해 보기도 한다. 대범한 듯 산을 찾지만 한적한 곳에서 누군가와 마주치면 살짝 어깨가 움츠러든다. 반갑게 인사를 건네는 이도 있지만, 표정이 경직된 사람을 마주치면 나도 고개를 숙이고 걷게 된다. 대개는 가벼운 목례 정도를 주고받는데, 가끔 뚫어지게 응시하는 이도 있어 마음이 서늘해진다. 나 역시 그들에게 그런 기분을 줄까 먼저 인사를 건네 보기도 하지만 쉽게 마음이 열리지 않는다. 모자를 깊게 눌러쓰고 발걸음을 재촉하는 순간이 더 많다.

그럼에도 혼자 산에 오르는 기쁨은 크다.

처음엔 산이 주는 기운에 감탄하게 된다. 계절 따라 산은 새로운 빛깔을 입는다. 막 새잎을 틔워 초록을 자랑하는 나무들 사이로 주홍의 철쭉이 얼굴을 내밀고 사이사이 가녀린 들꽃이 노란색, 보라색으로 눈길을 끈다. 살아 숨 쉬는 예술이다. 서서히 걸음에 탄력이 붙고 호흡과 심장박동이 빨라지면 오롯이 나에게 집중하는 순간이 찾아온다. 일상 속에서 불편했던 감정을 되짚어 보고, 빠르게 스쳐 간 생각들도 찬찬히 불러 본다. 책에서 읽은 인상적인 구절과 이야기를 새롭게 상상하는 재미도 있다. 생각의 끝에는 내 모습을 좀 더 객관적으로 바라보는 마법이 기다린다. 타인처럼 낯선 내가 산길 앞에 서 있다. 그를 따라 굽이굽이 생각의 오솔길을 오른다.

헨리 데이비드 소로는 월든 호숫가에 오두막을 짓고 생활하며 『월든』을 집필했다. 그는 하루에 네 시간만 노동하고 대부분의 시간을 숲의 소리를 듣고 자연을 관찰하며 휴식을 취했다. 여유로운 일상 속에서 그가 가장 소중하게 여긴 때는 한가로이 숲을 거니는 시간이었다. 그의 일기에는 이른 아침 산책이 하루를 위한 축복이며, 순수한 아침 공기 한 모금이 만병통치약이라고 극찬하는 문장이 군데군데 보인다. 숲속의 비밀을 캐내듯 생명과 교감하며 음미하는 일이 그에게는 단순한 일상이 아닌 특별한 의식이었다.

사람은 자연과 상호작용할 때 평온과 안정감을 느낀다. 이는 인간의 생물학적 뿌리에서 비롯된 것이다. 식물뿐 아니라 동물이나 다른 생명체들에게도 공감과 선천적인 애착을 느낀다는 연구가 있다. 생물학자 에드워드 윌슨은 이런 인간의 본능을 '바이오필리아(biophilia)'라는 용어로 설명했다. 농촌을 떠나 도시에서 생활하는 사람들이 자연을 그리워하며 산이나 바다를 찾는 것도 이런 이유 때문이다. 산을 오르는 기쁨이 과학적 근거에 기반한 감각 본능이었다니 자연에 끌리는 이유를 이제야 알게 된다.

소로의 시선으로 생기 있는 풀잎을 바라보

고 청아한 새소리에 귀 기울인다. 어제 내린 비 덕분에 숲은 수분을 가득 머금고 있다. 달아오르는 햇살에 나뭇잎은 더 선명한 본연의 색을 자랑한다. 능선을 따라 오르고 내리길 반복하다 적당히 숨이 차오를 즈음, 풍경이 아름다운 위치에 벤치가 보였다. 저 멀리 펼쳐진 바다가 보이고 지금껏 올라온 울창한 숲은 동글동글한 브로콜리처럼 보인다. 온 세상이 멈춘 듯 고요하다. 커피를 마시며 가져온 책을 펼쳤다. '존재하는 모든 것은 좋은 것이다.'라는 구절이 눈에 들어온다. 선과 악의 개념을 넘어서 존재에 희망을 불어넣는 말이다. 익숙한 문장이지만 산 기운이 새로운 의미를 더해 주는 것 같다.

    책과 선선한 바람에 한창 취해 있는데 누군가가 벤치 옆으로 다가왔다. 순간 몸이 움츠려졌지만 모른 척 책을 계속 읽었다. 그는 옆 벤치에 앉았다. 시간이 좀 흘렀지만 그는 있는 듯 없는 듯 조용했다. 그제야 모자챙을 조금 들어 옆 사람을 바라보았다. 그 역시 주위에 신경을 쓰지 않는 듯 보였다. 간편한 등산복 차림의 여자가 커피를 마시며 책을 읽고 있는 게 아닌가. 생각하지 못했던 감동이 일었다. 이름 모를 새 한 마리가 날아와 숲속 비밀 하나를 내어놓은 것 같았다. 그녀는 거울에 비친 내 모습 같은 착각이 든다. 작은 보온병에 책 한 권, 그리고 깊은 챙 모자. 또 다른 나에게 인사라도 건넬까 했지만 방해받고 싶지 않을 것 같아 시선을 거두었다. 말없이 각자의 책에 빠져들었다. 산은 이렇게 내 마음을 또 흔들어 놓는다.

햇살과 새소리가 내려앉은 공간에서 여린 풀 같았던 나는 어느새 거칠 것 없는 나무의 기운을 얻는다. 더 용감하고 야성적이며 경이로움에 민감한 촉각을 지니게 된다. 그녀와 나는 한마디 말도 나누지 않았지만 같은 충만한 비밀을 공유한 사이가 되었다. 마치 수호천사를 만난 듯 혼자 산을 오르는 또 하나의 기쁨을 간직한다.

지구의
아름다운 무늬들

고요를 깨우는 임무를 띤 듯 새들이 종알대며 아침을 연다. 넓은 창에는 어느새 온기가 스며들고 불그스름한 빛이 번져 가고 있다. 인적없는 넓은 초원, 하늘을 향해 시원하게 뻗은 나무들은 신선한 바람과 아침 햇살을 온몸으로 받아들이고 있다. 태국 남쪽에 위치한 끄라비의 아침 풍경이다. 그곳에 머무르는 동안 귀가 행복했다. 깊고 울창한 숲이 있으니, 들려오는 새소리는 다양하고 울리는 메아리도 깊었다. 창가에서 지저귀는 새소리와 먼 절벽 어디에선가 길게 응답하는 새의 노래는 잘 짜인 화음이 되어 평화로움에 활기를 더한다. 숨 쉬고 있는 이곳이 함께 어우러져 살아갈 터전이라고 생명들은 암시를 보낸다.

    그들의 풍습인지 마을 담장에는 새장을 걸어 둔 집이 많았다. 흔히 보던 감옥 같은 철창은 아니다. 나무로 공을 들이거나 자개를 박아 정성스레 장식한 아름다운 새장이다. 한두 마리의 새가 그 속에서 우아한 자태로 노래를 부르며 행인의 시선을 끈다. 갇혀 있어 가엾은 마음보단 새를 가족처럼 곁에 두고 싶어 하는 끄라비 주민의 성정이 먼저 느껴진다. 나태하게 어슬렁거리는 고양이도, 목줄이 뭔지 모르는 동네 개들도 종속이 아닌 공존의 삶을 사는 듯 자유롭다. 사람도 동물도 서로 무심한 듯 각자의 영역을 공유하는 모습이 자연스럽지만 낯설다. 사람이 주인인 듯 살아가는 삶에 익숙한 탓이다.

    부모님과 함께한 휴양지 여행에서 오후의 시간은 나른하고 더디게 흘러갔다. 지루해하는 엄마와 함께 보기 위해 〈나의 문어 선생님〉

이라는 다큐멘터리를 골랐다. 제작자인 크레이그 포스터는 오랜 영화 촬영과 편집 일에 지쳐 고향 남아프리카공화국의 케이프타운으로 돌아온다. 어릴 적 경험한 자연을 그리워하며 매일 프리다이빙으로 바다를 탐험한다. 다시마 숲으로 가득한 깊고 어두운 바다에서 문어 한 마리를 만나면서 이야기는 시작된다. 개나 고양이가 아닌 문어와의 교감이라니, 내 빈곤한 상상력이 부끄러워진다.

    영상의 도입부를 본 후 엄마는 그 나라 사람들은 문어를 먹지 않느냐고 물었다. 문어와 마주쳤으면 얼른 잡지 않고 왜 보고만 있느냐고 해서 우린 한바탕 웃었다. 문어에 대한, 아니 사람이 아닌 생명체에 대한 우리의 시선은 늘 그래 왔다. 인간에게 유용한가 그렇지 않은가, 혹은 먹을 수 있는가 아닌가로 생명의 가치를 가늠하는 데 익숙하다. 그런 기준이라면 문어는 가치 있는 먹거리로 망설임 없이 식탁에 올려야 하는 존재다. 그런 문어와 우정을 나누는 관계가 될 수 있다는 판타지 같은 이야기가 우리를 낯설고 새로운 세계로 빠져들게 했다.

    문어와 친구가 되는 것은 인간의 교제 방법과 크게 다르지 않았다. 처음엔 거리를 유지한 채 오감으로 서로를 탐색한다. 해를 끼치지 않는 존재라 확신이 들면 손을 내밀어 상대를 느낀다. 그사이 서서히 신뢰가 움튼다. 크레이그가 카메라를 떨어뜨리는 실수를 하자 문어는 재빠르게 도망을 쳤다. 그는 크게 낙심하며 친구의 마음을 되돌리기 위해 문어 연구에 더 몰두한다. 사랑은 관심에서 시작되는 법, 그는 마침내 친구의 새로운 은둔처를 찾아내고 다시 관계 맺기를 시도한다. 문어의 하루는 살기 위해 고군분투하는 위험천만한 순간들로 가득하다. 생명의 일상이 아니냐고 말할 수 있겠지만 문어가 새로운 친구에게 보여 주는 관심, 아름다운 위장술과 춤의 향연에 대해선 설명할 길이 없다. 생명의 소임과 더불어 신비로운 유희가 함께한다. 친구인 크레이그에게 문어는 독자적인 행위 예술을 펼친다. 그들에게도 우리가 상상하지 못한 관계의 세계가 분명 존재하고 있었다.

문어숙회를 떠올렸던 처음과 달리 우리는 점점 문어를 응원하고 사랑하게 되었다. 미처 몰랐던 매력을 발견하니 지금까지 환호하며 문어를 먹던 내가 낯설어진다. 가축의 비애를 알면서도 외면한 채 육류를 먹어 왔던 것처럼 식탁 위의 문어를 마주할 때 떠오를 불편함이 두려워졌다. 크레이그는 자연으로 들어간 뒤 다른 생명에 관심을 갖게 되었고 그들이 살아가는 야생의 환경을 사랑하게 되었다고 했다. 한 발 더 나아가 그 자연에 애정을 품은 자신을 사랑하게 되었다고 고백했다. 그 마음에 고개를 끄덕일 수밖에 없었다. 삶은 사랑하는 대상을 점점 넓혀 가는 것이며, 결국 그런 자신을 온전히 사랑하게 되는 일이 아닐까.

푸른 별 지구에 대해 아직 모르는 것이 많다. 여행을 통해 새로운 환경을 체험하고 다르게 살아가는 사람을 만나는 일은 내 세계를 확장하는 일이기도 하다. 하지만 그 시선도 내가 보고자 하는 것에만 머물러 있으니 실제로 무관심하게 지나쳐 버리는 것이 대부분이다. 바쁘게 돌아가는 일상 속에서 생명을 주의 깊게 바라보는 일에 무심해진다. 크레이그는 문어를 선생님 삼아 바닷속 생명체의 이야기를 듣는다. 인간이라는 옷을 벗고 지구 생명체 중 하나의 존재로 그들과 교감하니 세상은 아름다움과 신비로움으로 다시 채워졌다. 바다에서 문어 선생님을 발견하듯 내 일상에선 어떤 스승을 마주칠 수 있을까. 스승이 많아질수록 삶은 깊고 풍요로워진다.

끄라비 비치에서 배를 타고 가까운 섬으로 갔다. 오염되지 않은 에메랄드빛 비치가 있었다. 햇살에 반짝이는 바닷속에는 노란 형광빛 물고기들이 떼 지어 다니고 춤추듯 하늘거리는 해파리들이 떠 있다. 그들도 나를 구경하고 나도 그들에게 빠져들었다. 한참 바닷속을 탐험하다 물 밖으로 나왔을 때, 많은 사람들이 같은 방향을 바라보고 있었다. 가까이 다가가니 꼬마 아이 키 정도의 우람한 도마뱀이 주위를 두리번거리며 바다에서 나오고 있었다. 짧은 다리로 느긋하게 걸음을 옮기며 긴 꼬리를 우아하게 흔들어 댄다. 갈라진 혀를 날름거리며 숲을 향해 나아가는 모습이 위풍당당하다. 수영하던 이들도 그의 위용을 경탄하며 바라보기만 할 뿐이다. 그의 평온한 섬을 우리가 잠시 소란스럽게 한 것은 아니었을까. 도마뱀이 쓸고 간 모래 자국이 무늬처럼 남았다가 파도에 지워진다. 그가 나의 스승이 된다면 어떤 숨겨진 비밀을 알려줄까. 도마뱀이 향한 숲을 떠올린다. 그의 숲속에서 나는 그저 이방인일 뿐이다.

아직 발견하지 못한 지구의 아름다운 무늬를 생각한다. 떠오르는 아침 해와 새의 지저귐이 어우러지듯, 문어와 다양한 해조류들이 공존하듯 지구의 경이로운 생명들은 서로서로 조화롭게 화음을 이룬다. 그들의 노래에 무심한 지구인이 되지 않기 위해 매순간 나의 신비로운 선생님을 찾아내고 싶다. 우주 속 작은 행성을 잠시 스쳐 가는 여행자의 시선으로 바라본다면 지구는 더 황홀하고 다양한 무늬를 우리 앞에 드러내지 않을까. 끄라비의 발랄하고 생명력 넘치던 아침을 기억한다.

아름다움을
아는 죄

비가 무섭게 내렸다. 장마가 더 길어지고 강렬해진다. 자연의 위력에 두려움을 느끼지만, 문득 비가 잦아진 산길을 걷고 싶었다. 낮게 내려앉은 안개가 숲을 감싸며 신비로운 기운을 자아낸다. 어두워진 사위에도 초록잎은 더 짙푸르게 반질거리고 흙 속에 기어든 생명은 숨죽인 채 습기를 만끽한다. 축축한 흙냄새와 나뭇잎을 두드리는 경쾌한 빗소리를 듣고 있으면 마치 원시의 숲 한가운데에 서 있는 기분이다. 비 내리는 산을 올라 본 이라면 흙이 부풀고 생기가 살아나는 청량한 숲을 기억할 것이다.

다큐멘터리 〈수라〉는 우리를 숲과는 또 다른 미지의 세계로 안내했다. 새만금 간척사업으로 마지막 남은 갯벌인 '수라'는 마치 비단에 수를 놓은 듯 아름답다는 뜻이다. 이곳은 민물과 바닷물이 만나는 자연 생태의 보고일 뿐만 아니라 멸종위기종인 저어새의 서식지이기도 하다. 하늘을 나는 한 마리 검은머리갈매기가 되어 고요하면서도 분주한 서해를 내려다본다. 물 빠진 갯벌에 생명들이 만들어 낸 흔적은 마치 건강한 나무가 사방으로 힘 있게 가지를 뻗어나가듯 생동의 흐름을 느끼게 한다. 그 위로 수많은 새들이 떼 지어 춤을 춘다. 더 낮은 자세로 다가가면 잔잔한 파도 아래 숨어든 생물들이 분주하게 움직이며 바닷물을 머금고 호흡하고 있다. 이 모든 생태계가 정교한 시계처럼 각자의 자리에서 완벽한 자연의 질서를 이룬다.

〈수라〉의 황윤 감독은 갯벌 수라가 얼마나 아름답고 생동감 넘치는 곳인지를 보여 준다.

카메라를 통해 아름다운 서해 갯벌이 새만금 간척사업으로 어떻게 변해 가는지를 담담하게 비춘다. 2006년 간척사업 반대 운동과 소송에도 불구하고 서해안 갯벌이 시멘트로 뒤덮이는 것을 목격한 후 황윤 감독은 참담한 마음으로 군산을 떠났다. 2014년 다시 군산으로 이주해 오면서 이미 끝났다고 생각했던 그곳에서, 여전히 갯벌을 보존하려는 이들을 만난다. 새만금 방조제 건설이 한창 진행된 후, 유일하게 남아 있던 갯벌에는 놀랍게도 저어새가 날아들고 갯벌 생명체들이 힘겹게 생존하고 있었다.

 '새만금 생태 조사단'이라는 시민단체는 어떤 대가도 없이, 사라져 가는 갯벌 생태를 보존하기 위해 이십 년이 넘도록 그곳의 환경을 기록하고 보존하는 일을 해 왔다. 그들이 기억하는 삼십 년 전 서해는 보지 못한 이들에겐 상상으로도 그려 보기 힘든 풍경이다. 감독이 인터뷰한 오동필 씨는 그 시절 갯벌에서 느꼈던 감동을 잊지 못한다. 수만 마리의 도요새가 날아와 앉았다가 함께 우르르 날아가며 내던 거대한 바람 소리와 황홀한 날갯짓의 감흥을 어제 본 듯 생생하게 표현했다. 그 시절 바다 생명체들이 얼마나 생기발랄한 움직임을 보였는지 자연과 마을 주민들이 어떻게 공존하며 살았는지를 담담하게 이야기했다. 그의 눈빛에 그리움과 애절함이 담겨 있었다.

    도요새들은 먼 뉴질랜드에서 겨울을 보낸 후 우리나라 서해로 날아온다. 긴 여정으로 굶주린 배와 고갈된 체력을 갯벌에서 채우고 힘을 비축한다. 다시 추운 툰드라 지역으로 돌아가기 전까지 서해안 갯벌은 그들에게 중요한 서식지가 된다. 갯벌을 가득 채우던 수백 마리의 새들은 점차 그 숫자가 줄어들고 있다. 검은머리갈매기도 봄이 오면 서해로 날아와 알을 낳고 새끼를 키운 후, 찬 바람이 불면 다시 떠난다. 새끼들은 자신이 태어난 곳을 잊지 않고 돌아오는 습성이 있다. 그러나 그들이 돌아온 고향은 더 이상 기억 속의 보금자리가 아니다. 새만금 방조제 건설로 갯벌은 거의 사라졌고 그곳에 살던 생명들은 들어오지 않는 바닷물을 기다리며 하루하루 영문도 모른 채 말라 죽어 갔다. 제 이익을 위해 뻔뻔하게 파헤친 인간의 오만한 결정이 생명의 영토를 모조리 빼앗았다. 자연으로 향한 이기와 탐욕이 돌이킬 수 없는 죄악을 저질렀다.

　자연의 아름다움에 전율해 본 사람은 그 마음을 쉽게 잊지 못한다. 오동필 씨는 이렇게 말했다. "삼십 년 전 갯벌에서 너무나도 아름다운 모습을 본 것이 죄라면 그 죗값으로 지금까지 활동을 멈추지 못하는 것 같아요." 멋진 광경을 보지 못했다면 아마도 평범한 일상을 살고 있었을 거라 말하는 그의 눈이 깊어진다. 그의 손을 잡고 함께 탐사하던 꼬맹이 아들이 이제 청년이 되어 활동 동반자가 되었다. 그는 아버지의 노고를 누구보다도 가까이에서 지켜본 사람이다. 누군가는 해야 할 일을 내 아버지가 하고 있다고 말하는 아들의 표정에서 존경과 애틋함이 묻어난다.

　우리가 경험할 수 있는 자연의 아름다움은 이제 얼마나 남아 있을까. 우리 아이들에게 황홀한 지구의 신비로움을 보여 주며 함께 감탄할 수 있는 시간과 공간은 점점 사라지고 있다. 전율하는 순간이 많아질수록, 더 깊게 감동할수록 우린 지키고자 하는 힘을 더 크게 낼 수 있다. 한 활동가는 매립을 반대하는 이유를 묻는 이들에게 단 한 번이라도 서해 갯벌을 와 본 적이 있는지 묻고 싶다고 했다. 무지와 뻔뻔함은 어리석은 결론으로 이어지고 돌이킬 수 없는 재앙을 부른다. 자연을 파괴하여 이득을 취하려는 무모한 권력자들이 자연에 끼친 이 폐해를 어떻게 책임질 수 있을까.

    기후 위기에 대한 관심이 높아지고 있다. 얼마나 많은 연료를 아껴야 탄소중립을 실천할 수 있는지, 어떤 일상의 불편함이 지구를 좀 더 지속 가능하게 하는지 방대한 정보가 넘쳐난다. 전문가들이 제시하는 수치와 미래 가능성에 대해 나는 잘 알지 못한다. 개발과 자본 중심으로 흘러가는 세상의 힘 앞에서 환경 운동이 얼마만큼 의미 있는 반향을 일으킬지도 여전히 무지하다. 다만 지구에서 생명체로 살아가는 최소한의 도리를 생각한다. 나와 이웃, 그리고 함께 생존하는 자연이 현재를 보전하며 서로를 지키는 일이 최소한의 의무다.

다양한 생명체를 잃은 채로 지구는 존속할 수 없다. 함께하지 않으면 인류의 생존도 불가능하다. 목말라하는 비단고둥의 모습이 아른거릴 때, 먹이를 찾지 못해 떠나는 검은머리갈매기를 바라볼 때, 흰발농게가 스윽 집게발을 내미는 모습이 보기 힘들어질 때 지구는 빛을 잃어 간다. 함께 살아가야 하는 것은 인간만이 아닌 지구 생태계 전체임을 잊지 말아야 한다. 자연이 만든 이 조화로운 무대 위에서 생명은 저마다의 몫을 다하고 있다. 바다 생물들에게 당연하게 있어야 할 바닷물을 뺏지 말 것이고, 자유롭게 흘러야 할 강을 막지 말 것이며, 숲속 동식물의 터전을 마구 파헤치지 않는다면 우리의 신비로운 전사들은 각자의 영토를 스스로 지켜 나갈 것이다.

아이들과 함께 영화 〈수라〉를 다시 보러 갔다. 스크린 속 서해의 풍요로운 갯벌과 새들,

그리고 신비로운 바다 생태가 아이들에게도 감동을 준 것 같았다. 갯벌이 사라지기 전 생동감 넘치는 서해를 알았더라면 얼마나 좋았을까. 아쉬움이 크지만 돌아보면 지금도 지켜야 할 다른 '수라'들이 우리에게 남아 있다. 경이로운 지구에서 아름다움을 지키며 살아가는 것만큼 우리에게 더 소중한 것은 없다. 도요새, 물떼새의 평화로운 군무가 끊이지 않는 환영처럼 마음에서 맴돈다.

존재의
가벼움에 대하여

　　　　　　　9월 중순, 산 아래는 늦더위가 가시지 않았다. 한라산 입구인 성판악 주차장에 도착해서야 서늘한 공기가 피부에 와닿았다. 오늘 산행은 언니와 나, 그리고 조카 민서가 함께한다. 체력을 고려해 작은 백록담이 있는 '사라오름'을 목표로 삼았다. 몇 년 전 늦은 가을, 언니는 한라산 정상에 올랐다며 전화를 했다. 눈 덮인 풍경이 너무 아름답다며 꼭 함께 오르자 약속했다. 윙윙거리는 바람 소리와 언니의 감탄이 귓가에 남아 나는 오래도록 한라산의 정상을 마음에 품고 지냈다. 각자 배낭에 얼린 물 한

병, 김밥 한 줄을 넣고 가벼운 마음으로 길을 나섰다. '작은 백록담'이라는 소박한 단어가 우리의 발걸음을 한결 가뿐하게 했다.

탐방소 입구가 있는 성판악은 해발 750m이다. 산 중턱의 높은 고도이지만 완만하고 편안한 숲길로 이어져 산에 포근히 안긴 채 산책하는 기분이 든다. 도시에 살면서 늘 산을 그리워했다. 걷기만 해도 산은 맑은 공기와 푸르름, 햇살의 감촉으로 위로를 건넨다. 사라 오름 전망대까지 왕복 12.8km, 백록담까지는 왕복 19.2km이다. 거대한 한라산 어디쯤을 지나고 있는지 가늠하기 힘들지만 앞만 보며 한 발 한 발 내디딘다. 정상을 상상하는 일은 초행자에게 주어지는 산행의 설렘이다. 평일인데도 산을 오르는 이들이 드문드문 보였다. 한참 발걸음에 가속을 붙이는데 벌써 내려오는 이가 보인다. 이제 출발해서 언제 오르겠냐는 걱정스러운 말이 다정하게 들린다. 산이 주는 여유다.

다양한 식물들과 마주친다. 소나무, 편백나무, 삼나무, 동백나무 등 친숙한 나무 외에 한라산에서만 자생하는 희귀종이 곳곳에 서식한다. 식물에 관한 해박한 지식이 있었다면 산행이 더 즐거웠을까. 알지 못하니 귀한 식물을 발견해도 스쳐 지나가고 만다. 고지대에서 자생하는 구상나무의 개체수가 줄어들고 제주조릿대의 서식지도 점점 높은 지역으로 올라가고 있다. 제주조릿대는 말의 좋은 먹이가 되기도 하지만 지구 온난화의 주범인 이산화탄소 흡수율이 뛰어나 주요한 식물로 다시 부각되고 있다. 그러고 보니 키 큰 나무숲 사이사이로 균형을 맞추듯 나지막한 조릿대가 넓게 퍼져 있었다. 다양한 수종이 풍요로운 산을 이룬다. 이 묵묵한 생명은 존재만으로 세상을 이롭게 한다. 우린 늘 자연에 빚지며 살아간다.

두 시간쯤 걸었을까. 왼쪽으로 600m만 가면 사라 오름에 다다른다는 안내판이 나왔다. 딱 다리가 후들거리는 시점이다. 숲속 나무에 가려 보이지 않던 호수가 오아시스처럼 나타났다. 산정호수. 작은 백록담이라고 불리는 바로 그 호수다. 주변의 산과 나무, 하늘의 그림자가 고요히 비친 호수는 깊은 산을 올라왔다는 생각을 잊게 한다. 호수 둘레를 돌아 가파른 계단길을 힘껏 오르자 나무 사이로 조각하늘이 보였다.

앞서간 언니와 조카의 감탄 소리가 들려왔다. 설레는 마음으로 마지막 계단을 밟는 순간 탁 트인 능선이 시야에 펼쳐졌다. 저 멀리 바다와 오밀조밀한 마을이 한눈에 들어오고 발아래엔 힘겹게 오른 울창한 숲이 받쳐 주고 있다. 위로는 손 닿을 듯한 백록담 정상이 위엄을 드러낸다. 고요하고 신비로운 산세에 할 말을 잃었다. 사라 오름은 장엄한 정상의 기세를 자랑하기보다는 산에 오른 이를 품에 안듯 다정하게 감싼다. 시원한 초록 바람이 선물처럼 불어왔다. 서리 같은 안개구름이 시야를 덮었다가 순식간에 다시 사라지니 쾌청한 풍경이 눈앞에 나타난다. 지나가는 구름에 따라 산은 표정을 바꾸며 신비로운 타임랩스 영상을 보여주는 것 같다.

이 순간을 위해서였을까. 추위 속에 한라산

정상을 올랐던 날, 언니가 나누고 싶었던 감동을 이제야 이해한다. 마음으로만 품었던 한라산의 위용이 눈앞에 있다. 정상에 오른 우리의 감정은 복잡했다. 마침내 올랐다는 벅찬 감흥과 말로 다 표현할 수 없는 산세의 아름다움, 또 누군가와 이 기쁨을 나누고 싶은 마음이 어우러져 우린 점점 숙연해진다. 어딘가를 향해 끊임없이 오르는 인간의 모습이 헛된 욕망처럼 느껴지기도 했다. 성공을 갈망하듯 정상만을 좇는 일이 덧없다고 생각했다. 오르지 않고 품었던 생각이 얼마나 오만했는지 산을 오르고서야 알게 된다. 산행은 줄곧 성취가 아닌 존재를 생각하게 했다. 정상에서 비로소 마주한 감정은 숨결 같은 존재의 가벼움이었다.

    쇼펜하우어는 등산의 기쁨이 정상을 정복하는 데 있지만, 최상의 기쁨은 험준한 산을 오르는 여정 그 자체에 있다고 말했다. 고난 없이 오른 인생의 절정은 어딘가 삭막하며, 오르는 과정에서 삶의 풍요로움을 알게 된다는 의미이다. 거친 오름길에서는 많은 짐을 지고 갈 수 없다. 어깨에 멘 짐을 하나둘 내려놓듯 풀리지 않은 고민은 잠시 내려 두고 복잡했던 감정은 나뭇가지에 걸어 둔다. 비워진 가슴과 머리에는 산의 기운이 서서히 스며들고 발걸음은 자연의 리듬을 닮아 간다. 정상에 서면 일상에서 무겁게 느껴졌던 고민과 근심이 한결 가벼워져 있음을 발견한다.

    바람을 맞으며 눈을 감았다. 산에서 불어오는지 먼바다에서인지 알 수가 없다. 바람과 구름이 한데 어우러져 숲으로 퍼져 나간다. 무엇 하나 거스를 것 없이 자연스럽다. 동생을 완주하게 했다는 언니의 기쁜 얼굴도, 처음 높은 산을 올라 본 조카의 만족스러운 미소도 자연의 일부처럼 사랑스럽다. 골짜기에서 울리던 청명한 새소리처럼 우리도 소리 내 웃어 본다. 편의점 김밥이 이렇게 맛있었냐며 마지막 밥알까지 깨끗하게 먹었다. 가벼워진 가방에는 잊지 못할 추억을 채운다.

    하산하는 발걸음은 한층 더 경쾌해진다. 일상이 의무와 욕망으로 무거워지지 않도록 지금의 산뜻한 발걸음을 기억하고 싶다. 구름이 흘러가는 유연함, 솔방울이 톡 또르르르 굴러가는 가벼움처럼 힘을 빼고 살고 싶다. 힘들면 잠시 멈춰 쉬어 가고 함께 걷는 이의 걸음에 맞춰 주는 여유도 배운다. 다만 산이 제 빛을 잃지 않은 채 우리의 등반을 오래 품어 주길 바라는 마음이다.

성판악 휴게소에 다다랐을 때 빗방울이 떨어지기 시작하더니 곧 장대비가 쏟아졌다. 산 위에 두고 온 산정호수가 비를 머금고 어떤 생명력을 뿜낼지, 식물들이 얼마나 달게 빗물을 받아들일지 상상하게 된다. 자연이란 주저 없이 받아들이고 당연한 듯 생명력을 내어주는 존재다. 우리는 얼마나 더 가벼워져야 그런 삶을 살아 낼 수 있을까.

제주도를 떠나던 날도 날씨가 화창했다. 비행기에 탑승하는 순간에도 푸른 바다와 하늘이 입체적으로 펼쳐져 있었다. 이륙한 비행기가 제주도 상공을 천천히 한 바퀴 돌았다. 창문 밖으로는 한라산 정상이 또렷이 내려다 보였다. 마지막까지 그 장엄한 풍경을 보여 주려는 듯 비행기는 낮고 느리게 날았다. 어제와는 또 다른 위엄이었다. 펼쳐진 산처럼 존재 그 자체로 충만할 수 있다는 사실을 담담히 보여 준다. 존재의 가벼움이 구름 위로 유유히 날아오른다.

땅으로
돌아간다

 더운 여름을 버티느라 산의 안부를 묻지 못했다. 한결 가벼워진 공기를 느끼며 뒷산에 오른다. 산은 긴 더위와 거센 폭우에도 묵묵히 푸른 잎으로 건재함을 말한다. 애타게 기다려온 가을바람이 몸의 감각을 깨운다. 큰비 끝에 여기저기 자갈이 어지럽게 뒹굴고 황토는 군데군데 파헤쳐져 있다. 돌길을 피해 발을 디디자 습기 머금은 흙길이 말랑말랑 팍신하다. 두 발로 꾹꾹 눌러 가며 흙의 감촉을 음미한다. 흙길 위에서 산바람을 느끼며 시선은 우듬지로 향한다. 산 기운이 온몸을 관통하는 기분이다.

    산에서 조금 멀어진 동네로 이사한 뒤부터는 근처 대학 캠퍼스를 산책하곤 했다. 나무가 우거진 캠퍼스도 쾌적한 산책로이지만 산의 흙길과는 다르다. 딱딱한 시멘트 블럭이나 아스팔트 위를 걷는 일은 흙길을 밟는 것과는 전혀 다른 경험이다. 발이나 무릎에 전해지는 충격은 근육과 관절에 쉽게 피로감을 준다. 마음먹고 나온 산책이 바쁜 종종걸음으로 바뀌고 걷기의 흥은 처음의 탄력을 잃어 간다. 도심 속 산책은 편의를 위해 만든 인공의 보도블럭에 두 발을 디디는 일이다. 게다가 높게 지어 올린 아파트에서 오래 살고 있으니 평생 땅과 멀어진 삶이다. 허공을 응시하지 않고 나지막한 집에서 살고 싶은 바람도 땅 기운을 받고 싶은 본능적인 욕망 때문이다.

    최근 얼씽(earthing)이 하나의 유행처럼 번지고 있다. 얼씽이란 맨발로 땅을 밟으며 지구와 몸이 하나로 연결된다고 믿는 행위다. 맨발 걷기로 고질적인 불면이 개선되거나 염증이 완화되었다는 이야기도 종종 들린다. 전문가들은 이러한 효과가 발 지압 정도의 결과이지 지구 전하를 받는다거나 몸속 노폐물이 빠진다는 주장은 근거가 없다고 한다. 그럼에도 흙길을 찾는 사람들이 꾸준히 증가하는 건 수치로 설명할 수 없는 어떤 효능이 존재하기 때문일 것이다. 식물이 땅의 영양분을 흡수하며 자라듯 사람도 두 발을 땅에 딛고 설 때 건강한 기운을 받는다. 오랫동안 산길을 밟지 않으면 에너지가 고갈되는 기분이 드는 것도 그 때문인지 모른다.

 돌아가신 큰아버지는 할아버지가 물려주신 시골집에서 한평생 땅을 일구며 살아왔다. 그에게 땅은 인생 전부였다. 검게 그을린 영정사진 속 큰아버지는 고향 마을만큼 평화로운 모습이어서 죽음이 별 대수롭지 않다는 표정이었다. 젊은 시절 날렵했던 눈매는 고개 숙인 벼처럼 유순하게 내려앉았고 얼굴빛은 햇살을 머금은 황토색으로 하늘 배경과 은근히 어우러졌다. 고개와 등이 굽은 채 챙 넓은 모자를 눌러

쓰고 밭일을 하던 큰아버지는 너른 밭에 파묻혀 자연의 일부처럼 보였다. 사람은 땅을 닮아간다. 큰아버지는 팔십오 년의 세월을 고향에서 살아왔고 병든 후에도 그 땅을 떠나려 하지 않았다. 결국 평생을 함께한 고향 선산에 묻혔다. 큰아버지에게 땅은 몸과 분리할 수 없는 혼이었다.

 그런 땅이 일꾼을 잃었다. 도시에 자리 잡은 자식들은 아버지를 대신해 시골로 들어와 농사짓겠다고 하지 않는다. 홀로 남은 큰어머니는 마당 뒤편 작은 텃밭을 돌볼 기운밖에 남지 않았다. 그마저도 힘에 부치지만 평생 쉬는 땅을 보지 못하는 성격에 아픈 몸을 움직여 배추라도 기어이 심는다. 물 좋기로 이름난 동네 저편에는 대기업 소주 공장이 들어섰다. 낮은 집과 산, 논밭이 전부였던 시골에 생뚱맞게 들어선 공장 건물은 흉물스럽기만 하다. 큰아버지의 고향에도 농사짓던 어른들이 하나둘 하늘로, 요양원으로 떠나고 빈집만 늘어난다. 농사를 짓지 않는 땅과 빈집이 한순간 공장단지로 전락할까 두렵다. 축복 같았던 비옥한 토양에 시멘트 건물이 들어서는 상상만으로도 자연에 죄를 짓는 것만 같다.

박경리 작가는 소설 『토지』의 배경이 된 경남 악양을 '풍요를 약속한 이상향'이라고 표현했다. 우리 민족을 먹여 살린 것은 언제나 땅이었다. 땅은 생명의 근원이 되어 가족을 먹여 살리고 자연으로 돌아가는 생명을 품어 주었다. 지주든 소작농이든 땅의 생명력을 알았기에 귀하게 여길 줄 알았다. 박경리 선생은 서울에서 원주로 터전을 옮겨 『토지』의 중·후반부를 마무리했다. 소설을 쓰는 동안에도 밭을 매곤 했는데 그 일을 세상 어떤 것과도 비교할 수 없는 정직한 노동이라고 여겼다. 그는 땅이 주는 생명력을 온몸으로 느끼며 고향을 토대로 살아가는 강직한 인물의 서사를 그렸다.

비단 우리 민족만의 이야기는 아니다. 배수아 작가의 산문집 『처음 보는 유목민 여인』에는 몽골 알타이 투바의 척박한 대지와 유목민의 삶이 소개된다. 알타이 투바는 몽골에서도

시베리아에 인접한, 가장 황량하고도 거친 땅이다. 배수아는 몽골 작가 '갈잔 치낙'의 책에 깊이 매료되어 그를 좇아 이 지역을 방문한다. 삼 주 동안 투바 부족민들과 함께 거친 자연 속에서 생활하는 이야기는 비옥한 땅에 익숙한 우리에게 또 다른 삶을 상상하게 한다. 도시 생활이 자연의 불편함에 저항하고 통제하며 살아가는 것이라면 알타이에서의 삶은 자연의 흐름에 동화되어 살아가는 형태다. 떠오르는 해를 맞이하고 가축을 돌보고 땔감으로 쓸 야크 똥을 모으고 먹거리를 준비하는 것이 유목민들에게는 중요한 일상이다. 척박한 땅도 이용하는 방법이 다를 뿐 투바 부족에겐 생명을 품은 터전이다.

유목민들에겐 날씨와 땅과 물이 매우 중요하므로 늘 자연의 소리에 귀 기울인다. 대지에, 야크에 그리고 호수에도 정령이 있다고 믿는다. 투바 부족민들은 그들의 땅을 닮아 투박하고 강인한 표정을 지녔지만 자연 앞에선 겸허하고 순응하는 자세다. 문명 속에서 개인의 자아가 중요하다면 광활한 땅의 부족민들에게는 생명체의 존재 의미보다 더 큰 것은 없다.

그들에게도 현재는 위기의 시간이다. 혹독해진 추위로 가축이 얼어 죽는 일(몽골에서는 이 현상을 '조드'라고 부른다)이 빈번해지면서 많은 유목민이 기후난민이 되었다는 기사를 읽었다. 기후 위기로 인한 피해는 도시인이 겪는 불편함과는 비교할 수 없다. 땅은 급속히 사막화가 되어 가고, 초원을 찾는 일은 점점 더 어려워진다. 작가이자 부족장인 갈잔 치낙은 "투바 유목민은 오늘 존재할 뿐이다. 다른 세대에 우리는 없을 것이다."라고 자조하듯 말했다.* 문명을 누리지 않고 자연에 순응하던 유목민에게 이 고통은 부당한 죗값이다.

기후 위기는 과학문명 발전과 궤적을 나란히 한다. 농사만을 생각하던 비옥한 땅에 공장이 들어서고 발전소가 세워진다. 가축이 풀을 뜯던 초원과 사막뿐이던 몽골에도 쓰레기 더

---

* 배수아, 『처음 보는 유목민 여인』, 난다, 2015, 211쪽.

미가 산을 이룬다. 풍요롭게 살고 싶은 인간의 욕망이 풍요의 땅을 사라지게 하는 비극을 연출한다. 열악해지는 지구의 대안을 고민하는 과학자들은 화성이나 우주 어디쯤에 거주 가능한 새로운 공간을 구상할지도 모른다. 미래의 가능성은 예측을 넘어서 SF 영화처럼 다가오지 않던가. 다양한 아이디어가 상상을 부추기지만 내 머릿속엔 여전히 뿌리 뽑힌 고목만 떠다닌다. 편백나무가 큰 비와 더위에도 꿋꿋이 자리를 지켰던 것은 땅에 단단히 자리 잡은 뿌리 덕분이 아니었던가. 하늘을 나는 새들도 땅과 나무를 힘차게 디딜 때 더 자유롭게 날아가지 않았던가. 두 발을 건강한 땅에 디디고 살아가지 못한다면 생명의 빛도 바래져 점차 사멸할까 두렵다.

　끝나지 않을 것 같던 무더운 여름 끝에 찬바람이 불어온다. 열기로 뜨거웠던 땅 위에는 제시간보다 일찍 익어 버린 은행 열매와 나뭇잎이 쌓여 간다. 지난해와는 다른 땅의 기운은 무엇일까 구석구석 시선을 돌려본다. 여기저기 풀꽃과 잡초가 바람에 몸을 흔든다. 달라진 날씨에도 의연하게 제 모습을 지키는 생명력이 감사하다. 우리 조상들이 토지를 생명처럼 귀하게 돌보던 마음으로 힘주어 땅을 밟는다. 대지에는 미세하게 많은 탯줄이 우리와 연결되어 있다. 생명을 품은 땅이 사라지는 것은 우리의 뿌리를 잃는 일이다. 지구의 한 생명체로 탄생해서 토양의 작은 흔적으로 돌아가는 섭리를 우리는 너무 쉽게 잊고 살아간다.

네가 행복하니
나도 행복하구나

　　　　　　새벽부터 알림음이 울렸다. 역대급 한파가 예상되니 외출을 자제하고 도로 결빙에 주의하라는 문자였다. 창문을 여니 매서운 바람이 몰아쳐 집 안에 찬 기운을 불어넣는다. 두툼한 패딩점퍼를 걸치고 털모자와 장갑을 챙겨 밖으로 나왔다. 차가운 공기에 얼굴이 얼얼하지만 정신은 유리알처럼 쨍하게 맑다. 광안리 해수욕장으로 발걸음을 옮겼다. 바다는 날씨에 따라 다른 옷을 입는다. 수평선 가까이 깊은 바다는 무거운 남빛으로 대기의 차가운 기운을 다 빨아들이는 듯했다. 해수욕장 가까이에선 얼음

같은 물결이 반짝이다 고요히 부서졌다.

산책하는 이들이 드문드문 눈에 띄었다. 대부분 반려견을 운동시키기 위해 나온 사람들이다. 개들은 추위에 아랑곳하지 않고 넓은 백사장을 가로질러 달린다. 덩치 큰 개가 털을 부드럽게 출렁이며 비둘기를 쫓고 있었다. 파도가 물러간 젖은 모래 위에는 발자국이 어지럽게 춤을 추고 있었다. 비둘기들도 그리 겁먹은 것 같지는 않았다. 개의 위협에 잠시 놀란 척 날아올랐다가 내려오고 또 도망갔다 돌아오는 놀이를 반복했다. 개의 표정은 털에 파묻혀 잘 보이지 않았지만 동작만으로 얼마나 행복한 놀이에 빠져 있는지 알 수 있었다. 가까이에 추운 바람을 맞으며 지켜보는 개 주인이 있었다. 얼굴은 빨갛게 얼어붙었지만 흐뭇하게 개를 바라보는 표정이 기쁨으로 가득했다.

그들을 바라보며 묘한 벅차오름이 일었다. 개 주인은 네가 행복하니 나도 행복하다고 말하는 것 같았다. 주인의 마음을 알아챘는지 개는 더 기쁜 표정으로 달려왔다. 다정한 단짝 친구처럼 그들은 환한 기운을 주고받는다. 산책이 꺼려질 만한 추운 날씨지만 즐거워하는 개를 생각하면 게으름을 피울 수가 없었을 것이다. 그의 부지런으로 개는 충분히 환호하며 산책을 즐겼다. 반려동물과 함께 생활하며 수고로움을 감당하는 일은 내게도 익숙하다. 우리집 반려묘 달이도 가족의 보살핌에 비례해 생기를 뿜낸다. 기쁠 때면 제 몸을 내게 비비며 애정을 표현한다. 달이의 작은 몸짓에도 마음이 말랑해진다. 우리에겐 우위를 가릴 수 없는 끈끈한 정이 있다. 사랑하는 이가 행복할 때 우리가 함께 행복할 수 있음을 기억하게 한다.

『자신의 이름을 지킨 개 이야기』는 칠레 작가 루이스 세풀베다가 쓴 감동적인 동화다. 세풀베다는 오랫동안 환경운동을 펼치며 사회적 메시지를 담은 글을 써 왔다. 서문에서 작가는 마푸체족이었던 작은할아버지의 이야기가 늘 가슴에 남아 있다고 전했다. 마푸체족은 칠레의 작은 부족으로, '대지의 사람들'이라는 뜻이다. 이름처럼 그들은 자연의 일부로 살아간다. 작가 역시 그 핏줄을 이어받았으며 자연의 정신을 기억하는 사람이다. 그는 자연과 인간, 동물이 함께 어우러져 살아가는 존재임을 부족민의 이야기를 통해 보여준다.

주인공 개 '아프마우'의 이름은 '충직함'이라는 뜻이다. 그는 마푸체족과 함께 살아가던 평화로운 시절을 기억한다. 산속에서 구조되어 마을로 온 그는, 신이 주신 선물이라며 환대했던 부족민들의 따뜻한 마음을 잊을 수 없다. 그들은 땅에서 얻은 음식을 나눠 먹고, 삶에 언제나 감사해야 한다는 것을 가르쳤고, 자연의 섭리를 받아들이는 법을 알려주었다. 아프마우는 개울과 폭포를 기쁘게 하고 나무와 오솔길, 새를 즐겁게 하기 위해 그들의 이름을 부르던 숲을 기억한다. 마푸체족은 아름다운 생명들에게 경탄하는 말을 속삭일 때 그들이 기쁨으로 더 충만해진다고 믿는 사람들이었다. 그들은 자연을 환대하고 생명의 호의를 겸허히 받아들이며 살아갔다. 숲은 두려움의 대상이 아니라 감사와 경이의 존재로 여겨지던 시절이었다.

아프마우는 사람에게서 나는 두려움의 냄새가 가장 지독하다고 말한다. 그 냄새는 개발의 욕망에 사로잡혀 마푸체족 마을을 불태운 윙카들로부터 풍긴다. 그들은 위협적인 무기를 갖고 있음에도 어둠과 숲을 두려워한다. 아프마우는 그들에게 끌려와 명예로운 이름을 잃고 그저 '개'가 되었다. 무거운 쇠사슬에 묶인 채 그 명령에 복종하고 먹이를 얻어먹는 삶을 살아간다.

마푸체족과 함께한 시절이 '더불어 사는 삶'이었다면 윙카들은 자연을 정복해야 할 대상으로 여긴다. 두려움에 갇혀 있는 그들은 축축한 흙의 냄새, 나무와 풀 향기, 그리고 버섯과 이끼 냄새조차 맡을 수 없다. 싱그럽고 울창한 숲은 사라지고 대신 황량한 나무둥치만 남았다. 새와 동물들도 모두 숨어들었다. 그들에겐 세상을 향한 감사의 마음이 없으니 온 숲을 베어내는 일에도 고통을 느끼지 못한다. 개 아프마우가 바라보는 인간의 두 부류는 대조

적이다.

우리는 코로나 팬데믹 시기를 겪으면서 인간은 지속적인 교감을 통해 살아가야 한다는 것을 실감했다. 단절된 시간 동안 반려동물이 우리에게 얼마나 큰 안정감을 주는지도 알게 되었다. 자연 속에서 인간과 동물이 함께 어우러지는 동화는 단지 허구가 아닌 우리가 살아가야 할 현실임을 느끼게 한다. 자연은 때때로 거대한 재해로 인간을 위협한다. 그것은 윙카처럼 자연을 존중하지 않고 종속된 개발 대상으로 바라본 탐욕에서 비롯된 것이다. 주어진 환경과 양식에 감사하며 살아간 마푸체족의 지혜가 고귀하다.

동물과의 연대를 꿈꿔왔던 루이스 세풀베다는 2020년 코로나 감염으로 별세했다. 환경활동가로서의 행보를 생각하면 그의 죽음은 마치 남아 있는 자들에게 던지는 경고처럼 느껴진다. 당신들에게서 욕심과 두려움의 지독한 냄새가 나는 건 아닌지, 생명의 본질적 섭리를 잊고 있는 건 아닌지 작가는 질문한다. 아프마우의 이름 '충직'이 의미하는 것은 주인을 향한 충직함이 아니라 연대하는 생명에 대한 충직함이다.

2022년 통계에 따르면 네 가구 중 한 가구가 반려동물을 키운다고 한다. 현재는 그 비율이 훨씬 높아졌을 것이다. 개와 고양이뿐만 아니라 토끼, 새, 어류, 파충류 등 다양한 종의 반려동물들이 함께하고 있다. 게다가 반려식물을 키우는 이들까지 포함한다면 '반려생물'은 이제 우리 삶에서 떼어놓을 수 없는 존재가 되었다. 가족 관계가 점차 간소해지니 반려생물과의 유대감은 더 깊어진다. 정성을 다해 그들을 돌보고 바람과 햇빛을 나눈다. 말없이 서로 바라보는 교감 속에서 우리는 위로받는다. 자연의 터전을 잃은 도시인들이 생명과 연결되는 방식이다.

얼음장처럼 차가운 날씨이지만 바닷가를 한 바퀴 걸었더니 몸에 훈훈한 기운이 돌았다. 신난 개들의 활기차고 생기 넘치는 모습이 내게도 온기를 불어넣었다. 집에 돌아오니 햇볕이 들어오는 창가에 반려묘 달이가 몸을 길게 뻗고 나른한 시선을 건넨다. 바다 냄새를 맡았을까. 달이는 연신 코를 킁킁거리며 새로운 냄새를 탐지한다. 우리는 자연으로 서로 소통하는 중이다. 달이는 보지 못한 바다를 상상하며 달콤한 잠에 다시 빠져든다. '네가 행복하니 나도 행복하구나!'

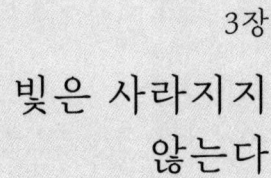

3장

빛은 사라지지 않는다

집,
기억을 담다

집을 팔았다. 큰아이가 초등학교 때 이사 왔으니 십오 년 만이다. 내 집이 최고라 생각하며 살았다. 집은 늘 머무는 공간이라 여겼지 여기저기 옮겨 다닐 생각을 하지 않았다. 이사를 위해 집을 팔고 새집을 알아보는 일도 서툴렀다. 겨울이 시작될 무렵, 부동산에 팔겠다고 이야기해 두었더니 봄부터 연락이 오기 시작했다.

집을 파는 일은 쉽지 않았다. 민망한 살림살이를 타인에게 보이는 일도, 외출 중에 전화를 받고 다급히 달려와야 하는 일도 성가신 일이었다. 구매 의사를 품고 오는 이들도 있었지만, 그저 한번 봐 두려 오는 이들도 있어 슬슬 골이 나기 시작했다. 생각 없이 트집 잡으며 집을 볼 땐 나 역시 꼿꼿한 자세로 우리 집을 내놓지 않겠다는 자존심을 세웠다. 팔겠다고 결심한 이상 집은 흥정 아래 놓인 물건이 되었다.

집이 마음에 든다며 이사 날짜를 들먹이던 누군가는 터무니없는 가격을 요구했다. 팔아야 한다는 현실과 이 가격에 집을 내어줄 수 없다는 마음 사이에서 밤잠을 설쳤다. 팔겠다고 했지만, 한편으로는 팔리지 않기를 바라는 속내도 스멀거렸다. 가격도 문제였지만 내 집을 내어줄 새 주인을 내심 요리조리 평가해 보고 있었다. 집은 내게 그저 집이 아니었다. 새 주인이 집의 가치를 알고 잘 단도리할 사람이었으면 했다. 결국 가을쯤에야 적당한 매수자를 찾았다. 아쉽지만 내어줘야 할 시간이었다.

계약금을 받던 날, 집을 팔았다고 큰 소리로 말할 수가 없었다. 집이 듣는다면 얼마나 서운할까 싶었다. 처음 이사 올 때 부담스러운 은행 대출에 마음이 무거웠지만 우리 집이라는 기쁨이 컸다. 매달 생활비를 아껴 가며 이자와 원금을 갚을 때면 집이 뭐라고 이러나 하는 회의도 올라왔다. 줄어드는 대출 잔고를 지켜보던 세월이 길고 지루했다. 돌아보면 그 시간이 집을 더 내 집답게 만들었다.

꼬맹이였던 아이들이 뛰어놀고 자라 대학생이 되는 동안 집은 따뜻한 품을 내주었다. 거실 기둥에는 키를 잰 흔적이 나이테처럼 집 나이를 알려준다. 가늘게 눈을 뜨고 창밖을 바라보면 학교 운동장에서 뛰어노는 아이를 찾아낼 수 있었다. 혹시라도 엄마를 발견할까 손을 흔들곤 했다. 가족이 함께 기뻤던 일, 슬펐던 일을 집은 켜켜이 기억한다. 우리 식구가 건강하게 탈 없이 살았다는 것만으로도 집에 감사했다. 그런 집을 날름 팔고 속 시원해할 수는 없었다.

계약서에 도장을 찍은 후 남편이 슬그머니 소회를 말했다. 집에 대한 애착을 조용히 이야기했을 뿐인데 어느새 나는 참았던 눈물이 주르륵 흘러나왔다. 눈물의 이유를 설명할 수 없었다. 집에 대한 감사, 미안함, 아쉬움이었을까. 매수자는 비슷한 경험을 이야기하며 우리에게 공감을 보탰지만 귀에 윙윙거릴 뿐 나는 여전히 내 집이 아깝고 귀했다.

사람과의 인연이 귀하듯 오랜 세월을 함께한 집과의 인연도 소중하다. 새로운 사람을 만나 사랑을 키워 가듯 집에도 정성을 다했다. 가족의 손때가 묻어 갈수록, 잦은 걸레질에 마루가 반들거릴수록 집은 더 우리 품에 안겨 드는 것 같았다. 집을 보내며 아쉬운 마음이 들었던 건 가족이 함께했던 시간 때문이었다. 집은 아이들 키우던 시절의 추억을 담고 있어 내 수고로운 시간의 증인 같았다. 증인을 떠나보내고 새로운 시간을 일굴 용기가 필요했는지도 모르겠다.

의식주(衣食住) 중 무엇이 가장 중하냐고 묻는다면 나는 결국 '주(住)'를 말할 것 같다. 배고픔의 경험이 없어서인지도 모르지만 집은 가족을 그리는 도화지였다. 바깥세상이 험난하고 치열해도 집 안에서는 평화와 안락함이 있어야 했다. 멀리서도 언제든 그리워 돌아올 수 있는 집이길 바랐다. 긴 시간 동안 소중한 울타리가 되어 준 집이 어떻게 하나의 물성에 불과하겠는가.

현관문에 오랫동안 붙어 있던 종이 한 장이 새삼 눈에 들어왔다. 큰아이가 초등학교 때 적어둔 글귀다. '대가를 바라고 하는 행동은 선행이 아니다. 사랑이란 조건 없이 나누는 마음.' 아이는 이 말이 좋았나 보다. 집도 그 글을 품고서 우리를 닮아 갔다. 집을 드나들던 이들은 현관으로 들어올 때마다 그 글을 마음에 새기게 된다며 웃었다.

새집으로 이사를 했다. 가구며 옷가지며 묵은 짐을 정리하니 한결 가벼워졌다. 집도 동네도 줄어든 내 살림도 낯설다. 짐을 정리하고 며칠 밤을 보내니 어느새 내 움직임은 새집에 맞춰져 간다. 옛집은 아침에 해가 들어 좋다고 생각했는데 새집은 오후부터 햇살이 비춘다. 이래서 좋고 저래서 좋으니 아쉬운 대로 위로가 된다. 지난 사랑이 새 연인을 만난 셈이다. 이럴 거면서 뭐 그리 애틋해했나 무안하기도 하다. 새 출발을 잘 부탁한다며 집 안 구석구석에 눈길을 보낸다.

집이라는 공간은 가족의 경험과 감정이 스며들어 살아 숨 쉰다. 인문지리학자, 이-푸 투안은 한 장소를 알아 가는 데엔 오랜 시간이 필요하다고 했다. 공간이 장소가 되려면 '느낌'이 필요한데 그 느낌은 매일 수년에 걸쳐 반복되는, 찰나적이고 강렬하지 않은 '경험의 산물'이라고 말한다.* 집이라는 공간이 친밀한 장소가 되어 가는 것은 가족이 일상에서 쌓은 시간의 힘이다.

옛 이야기책에는 조상들이 믿어 왔던 집 안 곳곳의 가신들이 소개된다. 대들보에 있는 성주신, 부엌의 조왕신, 그리고 화장실의 측신까지 종류도 다양하다. 그들이 가족의 먹거리와 생명을 지키거나 부정한 액을 막아 준다고 믿었다. 조상들은 가족이 무탈하기를 바라는 마

* 이-푸 투안, 『공간과 장소』, 사이, 2020.

음으로 집의 곳곳에서 신들께 기도를 올렸다. 그 염원이 내게도 전해졌는지 나 역시 집의 혼을 생각한다. 식물이 사람의 다정한 말을 듣고 자라듯 집의 혼도 우리의 일상을 보고 들으며 새로운 가족 구성원이 된다.

이사 온 집은 짐도 사람도 단출하다. 아이들이 모두 타지로 떠나니 집에 큰 의미를 뒀던 마음도 한 시절이었나 싶다. 지난 집에 육아와 성장의 기억이 있었다면 새집에선 어떤 이야기를 다시 채우게 될까. 각자 바쁜 시간으로 떠나가 있다가도 한 번씩 에너지를 충전하며 머무는 휴식의 공간이면 좋겠다. 가족사의 한 장을 마무리하고 다음 장을 향해 나아간다. 새 도화지에 채워 나갈 희망과 가능성에 마음이 설렌다.

철저한
이기주의자가 되자

라디오에서 양희은의 노래가 흘러나왔다. 세월이 흐르며 한결 깊어진 목소리에 나도 모르게 빠져든다. 이십 대 그녀의 목소리가 청량한 새소리였다면 지금은 산속 깊이 울리는 메아리 같다. 시를 읊듯 나지막이 노래한다. 가사에 귀 기울이니 잠시 눈붙인 줄 알았는데 이미 늙은 어른이 되었단다. 그런데 아직 삶에 대해 잘 모른다니, 어쩌면 내 심정과 이렇게도 같을까. 뒤이어 앳된 딸의 노래가 이어졌다. 엄마의 잔소리 때문에 새장에 갇힌 새처럼 답답하다며 내 삶을 살게 해 달라고 호소한다. 맑고 차분한 목소리가 감성을 툭 건드린다. 눈두덩이가 뜨듯해졌다. 엄마 마음에 심취한 지 몇 초도 지나지 않아 어느새 딸의 심정에 빙의되어 있었다.

〈엄마가 딸에게〉란 노래다. 걱정을 쏟아 내는 엄마에게 딸은 잘 살아 낼 테니 걱정하지 말라고 다독인다. 십 대의 성장통이 느껴지지만 자신의 인생을 향한 단단한 의지도 있다. 이런 딸을 두고도 부모는 왜 불안과 걱정을 놓지 못하는 걸까. 좋은 부모가 되지 못해 미안하다는 엄마의 읊조림이 쓸쓸하게 들린다. 반복되는 '좋은 엄마'라는 단어에 걸려 처음 느낀 노래의 감흥에 김이 빠졌다. 세월이 흘러 딸 역시 같은 노래를 반복하고 있을 것 같은 불길한 예감도 든다. 꼭 좋은 엄마가 되어야만 하는 걸까.

아이를 키우며 알게 된 동네 엄마들과 가끔 만나며 지낸다. 아이들 나이만큼 우리의 시간도 나란히 깊어졌다. 고만고만한 나이의 아이들을 키우니 고민도 얼추 비슷했다. 입시를 코앞에 두고 예민해진 아이 이야기, 활화산 같은 사춘기의 일상 이야기, 대학생 아이의 연애 이야기에도 관심이 모인다. 아이들의 성장기는 삶이라는 개울에 놓인 징검다리를 하나씩 밟아 가는 일 같다. 아슬아슬한 마음에 젖지 않기를 바랄수록 걱정은 깊어지고 몸은 더 굳어 간다. 그 무게는 아이에게도 고스란히 내려앉는다. 엄마와 아이가 더 가볍고 산뜻한 관계가 될 수는 없을까.

정혜윤의 책 『여행, 혹은 여행처럼』에서 마음이 환하게 밝아졌던 구절이 생각났다. 작가는 나무에 홀딱 반해 오랫동안 연구를 해 온 강판권 씨를 소개하고 있었다. 그는 나무 한 그루 한 그루를 고귀한 존재로 바라보며 물아일체의 경지를 느꼈다. 40년이 넘는 그의 나무 사랑은 자연과 인간의 근원적 관계를 떠올리게 한다. 나무의 성장을 지켜보며 그는 생명으로부터 삶의 깨달음을 배웠다고 말한다. 나무는 그에게 인생의 철학을 가르쳐 주는 스승이었다. 그는 나무로부터 배운 깨달음 하나를 다음과 같이 이야기했다.

"제가 나무에게 배운 것은 철저한 이기주의자가 되어야 한다는 것입니다. 우리는 이기주의자라는 말에 거부감을 갖습니다. 그러나 어설픈 이기주의자가 문제지 철저한 이기주의자는 우리가 생각하는 그런 이기주의와 다릅니다. (중략) 자기를 위해서 충분히 애써야 합니다. 그렇게 치열할 때만 존재는 다른 존재에게 기쁨을 줄 수 있습니다."*

나무는 생태 시계에 맞추어 새싹을 틔우고, 잎의 색을 바꾸고, 꽃을 피우고, 낙엽을 떨군다. 앙상한 가지로 매서운 겨울을 견뎌낸 후 다시 봄을 준비하는 것도 온전히 자신을 지키기 위한 생명력의 발현이다. 무심히 바라보기만 했던 그들의 생장 과정은 살아남기 위해 고군분투하는 삶이었다. 나무가 사계절 동안 다양하고 아름다운 풍경을 선사한다고 생각한 건 지극히 인간적인 시선이었다. 나무는 누군가를 기쁘게 하기 위해 꽃을 피우지 않는다. 생

---

* 정혜윤, 『여행, 혹은 여행처럼』, 난다, 2011, 162쪽.

존을 위한 노력이 인간에게 황홀한 아름다움을 느끼게 했다.

착한 딸, 좋은 엄마라는 환상 속에서 헤매다 개운하게 깨어난 기분이다. '이기적'이라는 말보다 '이타적'이라는 말을 칭찬으로 알고 살았다. 자신을 돌보는 일에 온전히 마음을 다하지 못했다. 내게 충실할 수 없다면 제대로 된 이타적인 삶도 존재할 수 없다. 나무는 생명력을 뽐내며 번성하게 키운 잎으로 사람들에게 시원한 그늘을 내어준다. 있는 힘을 다해 꽃을 피우고 열매를 맺는 노력은 동물들에게는 귀한 양식이 된다. 자기를 위해 충분히 애쓰는 나무는 인간뿐 아니라 생태계 전체에 이로움을 준다. 이기적으로 시작된 생명력이 이타로 이어지니 그 경계가 모호해진다. 제대로 이기적이어야 제대로 이타적일 수 있다.

부모와 아이의 관계도 마찬가지가 아닐까. 좋은 엄마가 되기 위해 애쓰고 힘들어하기보다는 괜찮은 어른이 되기 위해 나를 돌보는 일이 먼저다. 양희은 노래처럼, 눈 깜짝할 사이 어른이 되었지만 아직도 인생을 잘 모른다고 고백하지 않았던가. 내 삶이 흔들리니 아이를 바라보는 시선에 두려움과 걱정이 가득했던 게 아닐까. 가족을 위해 기도하는 순간에도 먼저 나 자신이 더 지혜로워지기를 기도한다. 그들이 살아갈 세상이 조금 더 나아지도록 어른으로서 해야 할 일을 고민하면 좋겠다. 엄마 나무가 울창하고 단단히 뿌리내릴 때 아이는 그늘 아래에서 잠시 쉬어 갈 수 있을 것이다.

좋은 엄마가 되어야 한다는 부담을 벗으면 나도 가벼워지고 아이도 한결 자유로워진다. 아이가 오로지 스스로를 위해 빛나는 나무로 자라길 바란다. 미안하고 고마운 마음보다는 기쁘고 행복한 에너지가 넘치기를 기대한다. 자유로운 깃털 위에 얹은 지나친 염려를 덜어 내고, 함께 나란히 날아오르는 엄마가 되고 싶다. 서로 곁눈질하며 응원하는 것만으로 든든한 힘이 되면 좋겠다. '이타'라는 환상을 벗고 아이의 새장을 활짝 열어 줄 용기가 필요하다.

봄빛 가득한 오후, 산책을 나섰다. 라일락

꽃이 떨어진 자리에 새로 돋은 잎은 한결 더 푸르고 싱싱한 빛을 뽐내고 있다. 황홀한 생명력이 마음을 설레게 한다. 나무의 온전한 이기심에 찬사를 보낸다. '너의 이기적인 노력이 세상을 이토록 싱그럽게 하였구나!'

그날 밤의 기도

　　　　　　　2인 병실을 선택한 건 내 의지였다. 1인실은 너무 비쌌고, 다인실은 밤새 잠을 설칠까 걱정스러웠다. 수술을 마친 후 병실로 올라갔을 때는 식사 시간이 지난 늦은 저녁이었다. 간호사는 잠에 빠져드는 나를 계속 깨웠다. 장기를 다시 움직이게 하려면 큰 호흡을 계속 내뱉어야 한다고 했다. 의식하지 않았던 호흡이 한 번, 두 번 세며 노력해야 하는 노동이 되었다.

　말하지 못하니 청각이 예민해졌는지 옆 환자와 보호자의 목소리가 귀에 대고 말하는 것처럼 가깝게 들렸다. 작고 여린 목소리의 환자가 뭔가를 요구하면 보호자는 불평을 늘어놓거나 버럭 대며 처리해 주는 것 같았다. 남자가 버럭 댈 때마다 나도 괜히 마음이 쪼그라들었지만, 환자는 끊임없이 뭔가를 요구했다. 다시 깊은 잠에 빠져들었다. 잠결에도 남자의 짜증 섞인 소리와 환자의 중얼거림이 들려왔다. 밤새 자다 깨기를 반복했다.

환자와 보호자의 얼굴을 처음 본 건 다음 날 점심쯤이었다. 보호자는 육십 대 정도의 나이로 키가 크고 건장하며 단호한 표정의 아저씨였다. 기운 없이 누워 있는 환자에 시선이 닿았을 땐 나도 모르게 놀라 숨을 멈췄다. 오래전 화상 사고를 당했는지 얼굴 피부는 심하게 일그러져 있고 한쪽 눈은 아래로 처져 있었는데 눈빛은 이미 시력을 잃은 듯했다. 심한 화상으로 몸속의 장기가 제 역할을 하지 못해 병원을 계속 오가는 상황인 것 같았다. 환자는 너무 연약했고 보호자는 너무 드세었다. 환자를 향한 연민이 일어 보호자의 거친 투덜거림이 더 불편하게 느껴졌다. 아저씨의 불손한 태도에도 여전히 나긋한 목소리로 요구하는 환자의 반응도 신기했다.

둘째 날 밤이었다. 병원 밖에서는 이른 시간일 텐데 금방 잠에 빠져들었다. 밤새 꿈에 시달렸다. 엄마의 얼굴이 보였고 나는 뭐라 말하고 싶었지만 목구멍에 소리가 걸려 신음만 흘러나왔다. 남자의 버럭대는 소리를 듣고 화들짝 놀라 잠에서 깼다. 상황은 다급하게 돌아가고 있었다. 남자는 화장실에서 양동이를 가져와 콸콸대는 소리와 함께 뭔가를 받아 내고 있었다. "아이씨…"를 연신 내뱉으며 성질을 내는 남자 곁에서 환자는 알아듣기 힘든 소리로 중얼거렸다. 나는 본능적으로 그게 오줌일 거라 생각하며 주머니에서 마스크를 꺼내 썼다. 좁은 방 안은 지린내와 남자의 짜증과 환자의 중얼거림으로 혼탁해져 갔다.

생각해 보니 어제 환자는 신장 투석을 받았고 간호사가 이뇨제를 주며 새벽 4시 정도에 배뇨가 될 거라고 말했다. 스스로 배뇨할 수 없는 것인지, 화장실을 미처 못 간 것인지 알 수는 없다. 어찌되었든 갑자기 오물이 흘러내리는 사고가 터지고 만 것이다. 하마터면 다 젖을 뻔했다는 보호자의 투덜거림에 나 역시 아찔한 마음을 뒤로하고 안도의 한숨을 내쉬었다. 남자는 우리가 깨든 말든 아랑곳하지 않고 연신 짜증과 우당탕 소리를 내며 양동이를 들고 화장실을 오갔다. 옷이 젖었다며 "에이씨!"를 몇 번 더 반복하고 나서야 잠잠해졌다. 남편과 나는 죽은 듯이 누워 그 소리를 듣고 있었다. 잠이 깬 불편보다는 보호자의 심정에 빠져들어 숨죽일 수밖에 없었다.

 상황이 모두 정리된 후 남자는 다시 코를 골기 시작했다. 환자가 어떤 말을 했는데 남자는 "에이 무슨 잠꼬대를 하고 그래?" 하며 한마디로 일축하고는 잠들어 버렸다. 그 후로도 그녀의 중얼거림은 계속되었다. 나지막하고 맑은 목소리였다. 몽골이나 중앙아시아의 멀고도 광활한 지역에서나 쓸 것 같은 언어였다. 처음엔 잠든 남편에게 뭔가 요구하는 말인 줄 알

앉는데 놀랍게도 혼잣말이었다. 기도문처럼 줄줄 이어졌다가 잠시 멈췄다가 다시 한 호흡으로 길게 이어지는 중얼거림은 이상하게도 내 마음을 안정시켜 주었다. 그녀의 기도는 주저함이 없었고 그냥 툭 치면 나오는 마법의 주문처럼 자연스럽게 흘러나왔다.

그녀의 기도를 들으며 다시 잠들었던 것 같다. 이른 아침, 새벽 소란 속에 잠을 설친 것치고는 푹 잤다는 기분이 들었다. 옆 환자도 보호자도 모두 깨어나 아무 일 없었다는 듯 투닥거리며 아침의 일상을 맞고 있었다. 병원 밥을 나눠 먹고 냉장고에서 후식을 챙겨 함께 먹는 소리를 들으니 어제의 소란이 꿈이었나 싶었다.

사실 첫날부터 나는 환자의 남편에게 반감을 품고 있었다. 같은 병자의 입장으로 환자에게 좀 친절한 보호자가 되지 못하나 했다. 저렇게 짜증 낼 것 같으면 하지나 말지, 왜 좋은 태도로 하지 못하는가 생각했다. 하지만 밤 소란 이후 그를 보는 내 마음은 조금씩 변하고 있었다. 심지어 그가 그저 조금 불친절한 성자는 아닐까 상상하기도 했다. 투덜거림은 그저 말버릇일 뿐 그는 온종일 한국말이 서툰 아내의 입과 손발이 되어 요구사항을 다 듣고 있었다. 화상이 어제오늘의 일이 아니기에 그가 아내를 돌보아 온 시간은 족히 수년은 되었을 것이다. 그의 투덜거림에 애정과 헌신이 숨어 있었다. 불친절한 대화가 더 이상 불편하게 느껴지지 않았다.

중앙아시아 사람들은 타인과의 나눔을 당연하게 여기며 가난한 자가 가진 자의 것을 받는 일에 주저함이 없다는 이야기를 들은 적이 있다. 당당히 구걸하기도 하고 아낌없이 내주기도 하며 서로 생색내거나 미안해하지 않는다. 그들에게 타인이란 나와 다른 존재가 아닌 함께 살아가는, 보다 끈끈한 '우리'라는 개념이다. 타인을 위해 진심을 다해 기도하고 돕는 이들이다. 고작 남에게 피해를 주지 말아야 한다는 사고에 갇혀 있던 내가 부끄러워진다. 그들은 지난밤 소동에 대해서 한마디 사과도 하지 않았고 뭐 인생이 다 그런 게 아니겠냐는 태도로 아침을 맞이하고 있었다. 나 역시 그 소란이 아무 일이 아닌 것으로 느껴지는 이상한 아침이었다.

  담당 의사를 만난 후 퇴원 절차를 밟았다. 주의 사항을 듣고 남편은 서둘러 집으로 돌아갈 짐을 싸고 있었다. 마지막 짐을 정리하고 병실을 나서면서 보호자에게 무슨 말을 건넬지 망설여졌다. 그에게 남겨진 시간이 얼마나 기약 없이 흐를지 쉽게 입이 떨어지지 않았다. 그저 수고하시라는 말만을 멋쩍게 하는데 그 남자도 겸연쩍은 미소를 보였다. 이틀 밤을 함께 보낸 동지가 나눈 어색한 인사였다.

  집으로 돌아와 편안한 침대에 누워 그들을 떠올렸다. 어젯밤은 무사했는지, 그리고 또 아무 일 없다는 듯 투덜거리며 아침밥을 챙겨 먹는지, 그들의 하루가 얼마나 길고 지루할지. 꼬리에 꼬리를 무는 생각 끝에 나는 그녀의 기도를 따라 해 보았다. 그들의 안녕을 소리내어 빌어 본다. 잠 오지 않는 밤, 어쩌면 그녀도 나를 위해 기도문을 읊어 주지 않을까.

시적인
삶

　　　　　아침 산책을 나서니 단단하고 거칠었던 땅 위로 봄기운이 느껴진다. 여리고 순한 싹들은 언 땅을 비집고 고개를 내밀고, 물오른 나뭇가지엔 보드라운 연둣빛이 반짝인다. 봄볕이 숲에 생기를 뿌리는 것 같다. 날씨는 변덕스러워지고 생태 환경은 불안정하지만, 자연은 최선을 다해 계절을 알린다. 언제까지 화사한 봄을 느낄 수 있을까 조급한 마음에 가슴을 더 활짝 열어 본다.

　　오랜만에 담비 선생님을 찾아갔다. 아이의 상담 선생님으로 만난 인연이지만 상담이 끝난 후에도 나는 그녀가 불쑥 보고 싶어질 때가 많았다. 선생님 집엔 작은 마당이 있어 봄이면 색색의 꽃들이 순서대로 피어나 오는 이를 화사하게 맞이했다. 집에서 키우던 개가 담비인데 아이는 담비를 아주 예뻐해서 선생님 집 가는 것을 좋아했다. 함께 점심을 먹고 그동안 밀린 이야기를 쉼 없이 나누었다. 선생님은 보여 줄 것이 있다며 집 밖으로 나섰다. 큰길을 벗어나 좁은 비포장도로를 따라가니 산 아래 작은 마을이 나타났다.

선생님다웠다. 환경 운동에도 열심이더니 근처에 텃밭을 마련한 것이다. 뒤로는 아담한 산이 포근히 감싸고 앞으로는 강처럼 뻗은 도로가 길게 펼쳐진다. 도시에서 이 정도 산세라니 훌륭하다. 아직 정리가 덜 된 밭에는 어린 대추나무가 뿌리를 내리고, 선생님은 감자를 심겠다며 고랑을 내어놓았다. 밭두렁에는 그녀가 좋아하는 수선화가 줄 맞춰 서 있다. 텃밭인지 꽃밭인지 아리송한 땅에 앉아 흙내음을 느껴 본다. 울퉁불퉁한 돌을 골라내고 보슬

보슬한 흙을 덮어 둔 땅에는 쉼없는 노동의 흔적이 쌓여 있었다. 적목련이 봉오리를 맺은 이웃 밭에서는 어르신이 땅을 갈고 계신다. 골라낸 땅속에선 새로운 기운을 맞이하는 분주한 생명의 움직임이 있으리라. 사방에서 꿈틀대며 봄기운이 솟아나는 소리가 들리는 것 같다. 선생님의 얼굴은 유독 텃밭에서 환하게 빛난다.

담비 선생님은 땅을 돌보며 주변 이웃과 함께 살아가는 마을 공동체를 꿈꾼다. 함께 노동하고 나누며 환경의 소중함을 지켜 나가는 공동체를 실천하겠다고 한다. 소박하게 시작한 계획이 꼬리를 물어 점점 더 큰 꿈으로 자라났다. 마음이 맞는 사람들과 생태 환경에 대해 함께 공부하고, 땅에 작물을 심고 나누는 일을 시작으로 삼겠다고 한다. 직접 키우고 가꾸는 즐거움 때문에 시작했지만, 점차 땅의 소중함을 알게 되었다. 그럴수록 앞으로 살아갈 삶의 방식에 대한 믿음이 확고해졌다.

선생님의 이야기를 들으니 김해자 시인의 책, 『위대한 일들이 지나가고 있습니다』가 떠올랐다. '땅과 이웃, 시 이야기'라는 부제가 달린 책은 시인이 서울을 떠나 낯선 시골에서 함께 살아가는 이야기를 담고 있다. 코로나 팬데믹 이후, 시인은 생태 문명으로 나아가야 한다는 신념이 더욱 커졌다. 그는 삶으로 시를 짓는 이웃들에 대해 이야기한다. 시적인 삶과 태도로 세상과 사람들을 만나는 이들이야말로 진정한 시인이 아니겠냐고 말한다. 자연스럽고 순리대로 흘러가는 시골의 일상을 멈추고 바라보면 곳곳에 시가 머물러 있다. 일거리가 많으면 함께 돕고, 먹을 것을 나누고, 서로의 안부를 묻는 인간 본연의 삶이 아름답다.

그의 시 「이웃들」에는 일상에 시를 심는 사람들이 등장한다. 병원을 가느라 한 달을 비워둔 집에 다시 돌아왔을 때 시인 앞에 펼쳐진 광경을 묘사한다. 우렁이 각시들이 다녀간 듯 빈집에는 정성스런 김치가 담긴 통들과 항아리엔 미처 뽑지 못했던 무가 가지런하게 정리되어 있고, 낮은 줄에는 무청이 나란히 매달려 있다. 아랫집 어른은 아팠던 시인에게 걱정 마라

꼬옥 안아주고, 제 마당인 듯 들어와 집을 돌본다. 그들의 야문 손 끝에 이웃에 대한 사랑과 염려와 믿음이 머물러 있다. 이런 이들과 함께하는 삶이라면 무엇이 두려울까. 죽을 때까지 같이 하자는 그들의 속삭임이 어느 재력가의 청혼보다 더 든든한 힘이 될 것 같다.

땅을 고르고 씨를 뿌리는 일, 비를 바라고 햇빛을 받아들이는 일, 움튼 싹을 보살피며 기다리는 일, 이런 일상을 지켜보며 시인은 '위대한 일들이 지나가고 있음'을 알아차린다. 가만히 애정을 담아 바라보지 않는다면 자연의 변화를 깨닫는 일도, 농사를 짓는 일도, 그리고 내 이웃을 지키는 일도 제대로 할 수 없다. 시인은 시를 쓰는 일이 그 위대한 일상과 같은 리듬으로 움직인다고 말한다. 땅과 생명과 이웃이 자연스레 어우러진 순간이 모두 시였다니 어렵게만 느껴졌던 시가 한결 가깝게 다가온다.

자연은 사람의 성품을 만든다. 땅과 연결된 삶이 나눔과 환대와 보시로 이어진다고 시인은 믿는다. 처음엔 서로 돕고 일하며 먹거리를 나누는 농촌 사람들을 보며 그들의 성정이 타고난 천품인가 의문이 들었단다. 하지만 땅에서 저절로 생겨나는 생명을 경험한 이들이 가질 수 있는 태도였다. 땅과 사람과 세상이 깊이 연결되는 감각을 농사일을 통해 배우게 된다고 했다. 인생의 진리가 매끄러운 책 속에 있는 게 아니라 거친 삶의 현장에 있었다. 시적인 삶은 형용사나 부사로 꾸며진 감상이 아니라 이웃과 세상을 마주하며 하루를 살아가는 동사의 삶에 있다.

북미 원주민들이 공통으로 사용하는 표현 중에 '미타쿠에 오야신'이라는 인사가 있다. 우리는 서로 연결되어 있다는 뜻이다. 모든 생명은 땅의 어머니로부터 태어난 형제이며 다음 세대와 나누어야 하는 것이라 믿는다. 그들의 진리는 대자연과 함께하는 삶 속에서 더 확고하게 뿌리 내렸다. 사람과 동물, 그리고 자연까지 우리는 하나의 공동체라는 진실이 그들의 긴 세월을 지켜온 신념이 되었다. 자본과 발전의 논리에 밀려 진리를 잊고 살아온 우리는 코로나 팬데믹이라는 재앙을 통해 다시 세상을 바라보게 되었다. 앞으로 살아가야 할 삶은 생태와 사람이 함께 공존하는 미래여야 지속 가능하다. 시인이 말하는 시골의 삶과 담비 선생님이 꿈꾸는 공동체 삶처럼 작고 내밀한 결속이 확장되어 인류 공동체, 지구 공동체로 이어지는 세상을 마음에 품는다.

   시적인 삶과 태도는 잠시 멈춤이다. 위대한 일들이 일어나는 생태 시계를 관찰하는 일. 인간의 노동을 경건히 바라보는 일. 작은 생명에 귀 기울이는 일. 이웃의 고통을 함께 느끼는 일. 그 속에서 세상은 깊어지고 우리라는 울타리는 더 넓어진다. 두터운 벽, 무관심, 외로움, 경쟁이 아닌 사람과 자연이 함께 살아가는 길로 나아가야 한다. 이웃과 내가, 동물과 내가, 살아있는 모든 생명이 결국 하나의 줄기로 연결되어 있다. 그 연결고리의 떨림은 한 편의 시다.

『위대한 일들이 지나가고 있습니다』
김해자, 한티재, 2022

책과 영혼이
만나는 자리

이사를 하며 책을 정리했다. 책을 버리는 일은 몸의 고단함만큼이나 번뇌도 따라왔다. 어떤 것을 지니고 어떤 것을 보내야 할지 갈피를 잡지 못했다. 그동안 쌓이기만 했던 책들은 지나온 생각의 역사였다. 책등을 따라가다 보면 마음의 갈래가 어떻게 흘러갔는지 알게 된다. 어느 작가의 말처럼 서가는 살아 움직이는 것이라더니 먼지 쌓인 책들은 오랜 영혼의 흔적이 되어 나를 바라보고 있었다.

'아이와 함께 읽는 시', '지혜로운 엄마 되기' 같은 육아서부터 세상 곳곳을 책으로 누비

게 하는 여행 안내서, 삶의 고달픔을 토로하는 낯선 작가들의 에세이, 그리고 시집과 대중소설까지 줄 맞춰 있었다. 아이가 자란 뒤에도 버리지 못한 아름다운 그림책들도 여전히 한 자리를 차지했다. 책 펼치던 시절의 추억이 책갈피처럼 꽂혀 있어 정리하는 손길을 자꾸 멈추게 했다. 새롭게 살아나는 감흥과 다시 읽고 싶은 마음 때문에 책을 떠나보내는 일은 쉽지 않았다.

단출해진 책들만 가지고 이사 오면서 다시 책장을 빼곡히 채우지 않겠다고 다짐했다. 가능한 한 도서관에서 빌려 보고 구입한 책은 필요한 이에게 넘겨주자 마음먹었다. 일 년이 지난 지금, 책장에는 나날이 쌓이는 먼지와 함께 새로운 영혼들이 다시 자리를 잡아 가고 있다. 책마다 '꼭 간직하고 싶은 책', '다음 독자를 찾지 못한 책' 등 보이지 않는 꼬리표를 달고 손길을 기다린다. 책장을 가볍게 한다는 계획은 역시 지키지 못할 다짐이었나 보다.

『장미의 이름』, 『푸코의 진자』의 작가 움베

르토 에코는 대단한 애서가였다. 그의 집에는 오만 권 이상의 책이 보관되었다고 하니 작은 도서관과 맞먹는 규모다. 그가 살았던 밀라노시에서 집이 무너질까 염려해 주의를 줬을 정도였다고 한다. 〈움베르토 에코: 세계의 도서관〉이라는 다큐멘터리에는 책에 대한 작가의 애정과 그가 아꼈던 도서관이 소개된다. 희귀본 천오백 권을 포함한 그의 장서는 역사, 천문학, 철학, 의학, 화학, 문학 등 광범위한 분야를 아우른다. 기호학자이자 작가로서 그가 가진 지적 호기심의 폭이 놀랍다. 그의 책을 읽다 보면 곳곳에서 작가의 방대한 독서력이 빛을 발하는 문장들을 만나게 된다. 에코는 무언가에 호기심을 갖는 것이 곧 살아 있다는 증거라고 말한다. 다양한 관심의 레이더가 끊임없이 펼쳐지는 건 책읽기가 주는 큰 즐거움이자 괴로움이기도 하다.

    에코의 아름다운 서재에는 그의 고유한 체계에 따라 책들이 가지런히 보관되어 있었다. 수만 권에 이르는 책의 위치를 그는 모두 기억하는데 이는 단순히 자주 책을 찾아 봤기 때문만은 아니다. 책을 꽂아둔 위치가 그의 호기심이 확장된 사고의 흐름을 반영하기 때문이다. 에코의 지적 여정을 따라가다 보면, 그의 궁금증이 흘러간 순서에 따라 책들이 놓여 있고, 덕분에 원하는 책을 찾을 수 있게 된다.

물론 그가 소장한 책들 중에는 아직 읽지 못한 책도 많다. 에코는 읽지 않은 책이야말로 지식의 잠재성을 지닌 소중한 부분이라고 말한다. 읽지 않은 책을 상상하는 시간 역시 애서가의 숨겨 둔 기쁨이다. 읽은 책이 작가의 방대한 지식과 교양의 뿌리를 이루었다면 읽지 않은 책은 그가 나아가고 싶어 하는 사유의 방향과 상상의 가지라고 할 수 있다.

작가의 아름다운 도서관에 감탄하면서도 한편으로는 이 다큐를 아이들이 본다면 어떤 생각을 할지 궁금해졌다. 지적 호기심을 채우기 위해 무거운 종이책을 넘겨 가며 읽는 모습은 스마트 기기에 익숙한 이들에게는 이제 낯선 모습이다. 그들에게 에코의 도서관은 그저 책 애호가의 고상한 유물 정도로 느껴질지 모른다. 도서관에 앉아서 무겁고 때 묻은 책을 읽는 일이 머지않아 보기 힘든 풍경이 될 수도 있다. 움베르토 에코는 디지털 시대에 넘쳐나는 정보가 지식이 될 수 없음을 꼬집어 말한다. 방대한 문헌을 몇백 권 검색하는 것보다 두세 권의 책을 찾아 천천히 읽고 자료를 스스로 걸러 내는 과정이 우리에게 필요하다. 오래된 책장을 넘기며 그 시대 저자의 생각을 읽는 일. 그 책을 읽은 누군가의 영혼과 감흥을 나누는 일. 그것이야말로 느린 독서가 주는 사유의 즐거움이다. 오래전 누군가의 영혼을 울렸던 글이 오늘을 살아가는 우리를 흔들고, 그 울림을 다음 세대와 허물없이 나눈다면 더없이 기쁠 것이다.

여행을 가면 그 지역의 도서관을 찾아간다. 호주 멜버른의 주립 도서관은 여러 면에서 내 마음을 흔들어 놓았다. 겉에서 보았을 때 유서 깊은 박물관인가 생각했다. 고풍스러운 건물에 커다란 돔 지붕을 덮고 있는 웅장하고 아름다운 건물이었다. 무엇보다도 사람들이 끊임없이 오가는 시내 중심에 도서관이 자리하고 있다는 사실이 놀라웠다. 도서관 앞 작은 광장에서는 길거리 공연이 열리기도 하고 자유 발언을 하는 시민들의 모습도 쉽게 볼 수 있었다. 도서관 내부로 들어서면 높은 천장에 우아한 장식으로 꾸며 놓은 열람실이 마치 중세 시대 학자가 된 기분을 느끼게 한다. 오래 머물며 책읽고 싶은 마음을 불러일으킨다. 작지만 인기 있는 도서관 카페테리아는 멜버른 시민들의 친숙한 만남의 장소다. 자연스럽게 생활 속에 녹아든 도서관 풍경이 아름다웠다. 잠시 쉬어 가는 공간이 도서관이라면 일상에서 지친 영혼이 고요히 회복될 수 있을 것 같다.

에코의 서재나 멜버른의 도서관처럼 대단한 서고는 아니더라도 우리의 일상 곳곳에 자연스럽게 책이 놓여 있기를 바란다. 동네 도서관으로 향하는 길이 익숙한 산책길이 되고 흥미로운 책을 뒤적이는 시간이 일과가 되면 어떨까. 세상에는 끊임없이 사건과 갈등이 발생

하고 이를 풀어 나가는 사람들의 생각은 저마다 다르다. 넘치는 정보만으로 문제를 해결하기에는 이미 정보는 질적인 면에서 신뢰를 잃어 가고 있다. 문제와 갈등의 의미를 우선 고민할 수 있으면 좋겠다. 깊은 사유는 문학과 철학에서 뿌리 내린다. 책을 통해 함께 사고하고 대화하는 이들이라면 좀 더 정제된 상식과 지혜로운 사고로 문제의 실마리를 풀어내지 않을까. 혼란한 정세에 상식의 기준이 무엇일지 고민하며 새해 아침 먼지 쌓인 책을 바라보다 생각에 잠긴다.

당신의 안부를 묻는 일

　　　　　　　가을빛이 내려앉은 산길을 걷고 있었다. 어딘가 신기루처럼 어른거리던 것이 이내 사라진다. 곧은 편백나무 사이 어디쯤이다. 가까이 다가가니 반사경처럼 하늘을 향해 빛을 뿜어낸다. 완벽하게 짜인 거미줄이다. 감탄이 흘러나왔다. 어른 손바닥만 한 거미줄은 정교하게 그려낸 도면처럼 흠잡을 데 없는 원형이다. 한 치의 오차도 없이 일정한 간격을 유지하고 그 중심에 거미가 보란 듯이 자리 잡고 있다. 햇살을 받아 반짝이는 거미줄은 섬세한 실공예처럼 영롱한 빛을 발한다. 걸음을 떼지 못하고 이리저리 방향을 바꿔가며 거미줄이 펼친 빛의 향연을 감상했다. 평소에는 징그러워 피하기만 하던 거미를 새롭게 마주하는 순간이었다.

작은 거미를 둘러싼 섬세한 예술을 보며 내게도 있을 관계의 실을 떠올렸다. 우리는 만남과 이별 속에서 보이지 않는 연결망을 만든다. 의도하지 않더라도 삶의 어느 틈에 실은 얽혀 있다. 그 실을 따라 타인에게 닿아 간다. 어떤 실은 쉽게 끊어지기도 하고, 또 어떤 실은 시간이 흐를수록 탄탄해진다. 엉성하게 혹은 조밀하게 엮일 때도 있다. 거미가 쉼없이 자기 자리를 지어 가듯, 우리도 관계에 세심한 마음과 정성을 다한다.

관계의 지도는 인생의 지도다. 지도는 살아 움직인다. 혈연조차도 노력 없이는 타인이 될 수 있고, 기대 없이 스쳐 간 인연이 평생 곁을 지키는 사이가 되기도 한다. 오랫동안 만나지 못했어도 마음 한편에 자리 잡아 그리움을 불러일으키는 사람도 있다. 거미줄이 햇빛 아래서 반짝이다 어느새 시야에서 사라지듯, 관계도 잊고 지내다가 어떤 순간 긴밀히 이어져 있음을 깨닫는다. 나와 연결된 인연을 떠올리다 보면 인생의 지도가 남긴 자국들을 발견하게 된다. 누군가의 배려와 손길이 나를 지켜주고 있음을 느낄 때 더 조밀하고 견고한 거미줄을 짓고 싶다는 마음이 든다.

관계의 깊이는 어떻게 측정할 수 있을까. 오랜만에 만난 사람 앞에서 상대를 향한 마음의 온도를 가늠해 본다. 내가 그를 그리워한 만큼 그도 날 그리워했을까. 반가운 마음이 앞서 준비가 안 된 상대의 손을 성급하게 잡은 건 아닐까. 의무감이 팔 할인 내 기분을 들켜 상대를 실망시킨 건 아닐까. 카톡이나 문자 속에 숨겨 왔던 감정은 마주 보는 얼굴 앞에선 숨길 수가 없다. 속마음이 표정에 투명하게 드러나는 건 나이가 들어도 바뀌지 않는다. 온전한 마음을 표현하는 일에 나는 늘 서툴고 어색하다.

십 년 만에 그를 만났다. 우리는 오래전 힘들었던 기억을 공유하고 있다. 그가 건강했던 배우자를 떠나보내는 동안 그 깊은 슬픔에 감히 위로의 말을 건네지 못했다. 안부가 궁금했지만 한걸음 물러선 채 소식만 듣고 지냈다. 힘들어한다는 말에 안타까웠던 날들이 있었고, 기쁜 소식이 들려올 때엔 환해진 마음이 오래갔다. 해가 바뀔 때마다 그가 힘내어 잘 살아가기를 마음으로 기도했다. 그런 그를 십 년 만에 만나는 순간 어떤 말을 건네야 할까 망설였다. 오랜 걱정을 모두 담아내기도, 어제 만난 이처럼 가볍게 안부를 묻기도 모두 어울리지 않았다. 어떤 말도 조심스러워 쉽게 입이 떨어지지 않았다.

그는 약간 야위었고 얼굴에는 세월의 흔적이 묻어 있었다. 조용히 서로를 바라봤다. 잘 지내냐고 물어보려 하는데 말이 목구멍에서 막히고 여러 갈래 엉킨 감정이 미소 아래에서 요동을 쳤다. 그가 살짝 웃었다. 한결 자연스러워진 입가 주름이 내게 답을 알려주고 있었다. 힘든 시간을 잘 이겨내고 있다는 대답이 필요 없었다. 그의 안정된 눈빛이 그동안 쌓여 있던 내 염려를 지워 냈다. 그의 건재함이 고마웠다.
   그에게 염려했던 마음을 표현할 필요는 없었다. 나를 향한 마음의 온도를 알리는 것도 어리석은 일이었다. 편안한 모습으로 서로 마주 보는 그 순간이 소중했다. 그의 안부가 미소로 전달되듯 내가 응원했던 기운을 그는 전달받았을지도 모른다. 언제 다시 그를 만날지는 모르지만, 우리는 소중한 거미줄 안에서 연결되어 서로의 안부를 떠올릴 것이다. 보이지 않는 응원이 어딘가에서 반짝이고 있음을 기억할 것이다.
   글을 읽는 일도 쓰는 일도 내게는 관계를 공부하는 일이었다. 책을 펼쳐 주인공이 만들어 내는 관계망을 이리저리 살폈다. 그들의 이야기 속에서 인연을 만나고 헤어지고를 반복하던 생된 내 모습이 보였다. 글을 쓰는 일도 작고 성긴 내 연결고리를 좀 더 세밀히 살피는 일이다. 외면하고 싶던 거친 부분을 응시하며 이유를 찾는 일, 느슨해진 거미줄을 잡아당겨 보듬는 용기도 많은 부분 책이 도왔다. 세밀한 위로와 응시를 따라가다 보면 다시 잇고 보강한 내 연결망 위에 조금씩 중심을 잡게 되지 않을까 기대한다. 지금까지 만든 줄이 부실했더라도 괜찮다. 평생 실을 짓는 거미처럼 우리도 인연이라는 줄을 꼭 쥐고 끊임없이 서로의 버팀목을 만들어 낼 것이다.

거미줄이 오직 거미만을 위해서 존재하는 것은 아니다. 미세한 먼지나 꽃가루를 붙잡아 공기를 정화하고, 바람이 불면 꽃가루를 다른 식물에 날려 보낸다. 아주 작은 생명체들은 줄을 이용해 이동도 하고 그 위에 맺힌 이슬을 마시기도 한다니 숲 생태계에 여러모로 도움을 준다. 우리도 관계라는 연결망을 세심하게 보살피고 확장한다면 따뜻한 관계들이 유기적으로 얽힌 사회가 되지 않을까. 누군가의 안부를 염려하는 마음이 세상에 온기를 더하는 시작이 될 수 있다.

한 가지 더 놀라운 사실을 알게 되었다. 거미줄이 거대한 청각의 기능을 한다는 사실이다. 거미줄의 파동으로 먹이를 인지한다는 일

반적 지식과 달리 거미는 멀리서 들려오는 소리를 거미줄을 통해 듣고 반응한다. 거미줄이 세상을 향한 창이 되듯 나도 인연과 사회라는 연결망 속에서 좀 더 섬세한 감각을 지니고 싶다. 타인의 소리와 고통에 그리고 따뜻한 온기에 함께 춤추듯 반응하며 살아가고 싶다. 소중한 이들의 거미줄에 마음껏 걸려들기를 원한다. 우리의 공명 속에서 서로를 향한 응원과 사랑이 더욱 끈끈하게 쌓여 갈 것이다.

내일의 고도를
기다리며

　　　　　　엄마가 또 잊었다. 며칠 전, 동훈이 생일이 얼마 남지 않았다고 했더니 엄마는 기억한다며 자신 있게 말했다. 용케 기억하는 엄마를 칭찬했는데 역시나 아니었다. 함께 사는 유일한 손자 생일을 기억하는 일은 요일도 잊고 지내는 엄마에게 아무래도 무리였나 보다. 늦은 오후, 엄마가 전화를 걸어 왔다. 왜 미리 말해 주지 않았냐는 원망 섞인 목소리다. 순간 아차 했다. 미역국도 끓이지 못했다는 엄마의 다급한 말에 급히 식당을 예약했다. 이런 수순이 익숙하다. 다음번엔 "할머니, 저 미역국 먹고 싶어

요."라며 힌트를 주기로 결론지었다. 함께 웃었지만 자책하는 엄마의 미소가 애잔하다.

이른 아침 전화벨이 울렸다. 집 전화를 이용하는 이들은 집안의 노인들이다. 역시나 시아버지였다. 어디가 아프신 건가, 덜컥 겁이 났다. 부엌일을 하면서도 걸려 온 전화에 온 신경이 집중되었다. 남편은 연신 아니라는 말을 반복하는데 그 억양이 엄마와 통화하는 내 모습과 닮아 있었다. 시아버지는 종아리에 붉은 반점이 생겨 없어지지 않는다고 했다. 갑자기 솟아난 반점은 아니지만 요즘 유행한다는 전염병 엠폭스(원숭이 두창 질병)가 아닐까 걱정이 생긴 거다. 밤새 저녁 뉴스가 생각나고 가슴이 두근거려 아침 일찍 수화기를 들었다고 했다. 남편은 아버지를 안심시킨 후 병원 진료를 보기로 하고 전화를 끊었다.

노인은 슬프다. 예전 같지 않은 몸과 마음이 힘들고 미래에 대한 두려움 때문에 고달프다. 그 슬픔과 두려움이 단순한 연민과 동정으로 끝나지 않는 이유는 나도 노년을 향해 쉼

없이 달려가고 있기 때문이다. 노인의 고통이 내 것이 될 거라는 사실은 다가올 노년만큼이나 자명한 일이다. 아일랜드 시인 예이츠도 '노인을 위한 나라는 없다', '노인이란 하찮은 물건'이라고 냉정하게 읊어대지 않았던가. 세상은 급속히 변해 가지만 노인을 위한 세상은 존재하지 않는다. 열정적이고 빠르게 흘러가는 세상에서 노인은 그저 고독해질 뿐이다. 좌석을 두고 거칠게 신경전을 벌이는 지하철 노인들도 주어진 사회적 권리를 그렇게라도 굳건히 지키고 싶은 마음 때문이 아닐까. 몸과 마음이 다르게 움직이고 세상은 노인에게서 차츰 멀어져 간다.

산책길에 마주치는 요양원이 있다. 산 아래 위치해 있어 조용하고 쾌적한 시설로 알려져 있다. 요양원 담벼락을 따라 걷는데 갑자기 몸이 오싹해졌다. 묻지 않아도 몸의 감각이 먼저 알아챘다. 창문 틈 너머로 들려온 노인의 신음이었다. 정말 몸이 아파서 내는 소리인지 절망적인 우울이 늙은 몸을 뚫고 나오는 흐느낌인지 알 수는 없다. 순간적으로 내 귀에 들렸던 소리는 사람이 아닌 동물 본능의 울부짖음처럼 느껴졌다. 마치 신에게 왜 나를 데려가지 않느냐고 원망하는 하소연처럼 들렸다. 지옥이 존재한다면 이런 신음으로 가득한 공간이 아닐까 생각했다. 못 들은 척 얼른 지나치고 싶었다.

    노인들에게 어떤 청춘이 지나갔는지 알 수는 없다. 다만 그들이 겪고 있는 현재의 힘겨움에 귀 기울일 뿐이다. 늙음이 방탕한 청년 시절의 결과물일 수는 없다. 노력으로 더 나아질 거라고 단정 지을 수도 없다. 인간이라면 누구나 젊음과 노년의 물리적 시간을 겪어 내는 것이 신이 주신 유일한 공평함이다. 젊다고 노인 앞에서 뻐길 수 없고, 그들의 노년을 모른 척 할 수도 없는 이유다. 먼 대양에서 다가오는 파도처럼, 늙음은 어김없이 순서대로 다가온다. 내 늙음을 앞두고 노부모의 늙음에 무심했던 마음을 되돌아보게 된다. 배려받지 못한 노인에게 남은 건 절망뿐일까.

사무엘 베케트의 희곡 『고도를 기다리며』에는 '에스트라공'과 '블라디미르'라는 두 늙은이가 등장한다. 소외되고 누추한 모습으로 삶을 이어 가는 그들은 오지 않는 '고도'를 기다린다. 기억은 자꾸 희미해지지만, 그들은 끊임없이 서로에게 고도를 기다려야 한다고 상기시킨다. 그들에게 고도를 기다리는 건 어떤 의미였을까. 고도가 온다고 정말 믿은 건지, 믿는다고 스스로를 속이는 건지 알 수는 없다. 희망을 기다리지 않으면 삶도 내려놓을 수밖에 없다는 절박함, 고도는 그들에겐 존재 이유였을지 모른다. 내일 반드시 고도가 올 거라 믿는 희망이 오늘이라는 현재를 살게 한다.

엄마의 깜빡거리는 기억력도, 시아버지의 건강에 대한 염려도, 신음하던 요양원 노인의 고통도 피할 수 없는 현실이다. 그럼에도 그들 마음속에 고도는 여전히 존재한다. 고도가 청춘을 돌려주는 묘약은 아니지만 오늘보다는 나은 몸과 마음을 기대하는 작은 희망이 된다. 의지로 훗날을 약속할 수 없다면 희망으로 현재를 깊이 살아가는 수밖에 별 다른 도리가 없다. 내일 노년이 찾아오더라도 지금의 젊음을 기쁘게 보내는 것이 공평한 인생을 살아가는 지혜로운 방법이다. 무기력한 결론이라 말해도 어쩔 수 없다.

노인의 아픔을 지나치기도 힘들지만 그 감정에 애달파 하기엔 내 젊음도 빠르게 사라져 간다. 노년에 대한 안타까움과 두려움은 이제 잠시 잊기로 한다. 건강한 다리로 산에 오르면 봄기운 가득한 숲과 새들이 생기를 더한다. 아직은 맑은 시력 덕분에 깨알 같은 아름다운 글귀들이 미지의 세상으로 나를 이끈다. 친구를 만나 활기 있고 다정한 목소리로 일상의 즐거움을 나눈다. 젊어서 놀자며 노래하던 우리 선조들의 마음이 이 마음이었을까. 이십 대 절정에서 청춘의 에너지를 모른 채 즐겼듯이 중년의 시간도 노년을 모르는 듯 누리고 싶다.

시아버지는 병원에서 엠폭스가 아니라는 확답을 받고 마음의 안정을 찾았다. 스테로이드 연고 덕분에 반점도 사라졌다. 멀리서 거친 파도가 다가오고 있음을 알지만 현재의 아름다운 파도에 몸을 싣는다. 지금 이 파도를 넘는 힘이 미래의 풍랑을 조금은 더 가볍게 받아들일 힘이 되기를 희망한다. 주어진 오늘을 명랑하게 살아내는 일은 내게도 노인에게도 주어진 평등한 소명이다.

* 엠폭스(원숭이 두창 질병)가 유행하던 2024년에 기록한 글입니다.

형광등이
햇살이 되는 마법

　　　　혼자 있는 밤에 케익을 굽는다. 재료를 하나씩 꺼내 두고 낡은 오븐에 불을 밝힌다. 앞치마를 단단히 여미고 실험을 앞둔 과학도처럼 꼼꼼히 계량하고 온도를 체크한다. 방해받지 않는 고요한 밤, 레이먼드 카버의 소설에 나오는 빵 장수처럼 케익에 집중한다. 누구에겐가 기쁨과 위로가 될 시간을 떠올리며 경건한 마음이 된다. 타닥거리는 오븐 소리가 밤의 고요 속으로 스며든다. 마음을 모아 기도하기 좋은 시간이다.

　위로를 잘하는 사람이 되고 싶었다. 마음

을 제대로 전하는 일은 나이가 들어서도 여전히 서투르다. 기쁜 일에는 함께 활짝 웃어 주는 것만으로도 충분하지만 슬프고 힘든 일에는 함께 해줄 게 별로 없는 것 같았다. 위로의 말을 건네려 전화기를 들고서도 적당한 말을 찾지 못해 우물거리다 끊는 일이 다반사였다. 시간이 지나도 적절한 표현을 끝내 찾지 못한다. 어떤 말을 해도 그의 고통에 닿지 못할 것 같아 늘 마음의 언저리만 맴돌게 된다. 그렇게 전하지 못한 위로는 아쉬움으로 남았다.

얼마 전 친구의 아이가 아프다는 소식을 들었다. 아이의 두통을 염려하긴 했지만 간헐적인 증상이라 지켜보고 있었다. 증상이 심해져 검사를 받았더니 앞으로 큰 수술을 두 번 정도 받아야 한단다. 한창 생기 넘치는 나이에 수술이라니 듣는 나도 다리에 힘이 풀린다. 담담히 심정을 이야기하는 친구 목소리에 힘이 빠져 있었다. 어떤 위로를 해야 할지 몰라 무거워진 입을 뗄 수가 없었다. 귀와 입이 둔탁해지고 세찬 폭포수 아래에 선 기분이 들었다. 듣기 좋으라고 근거 없는 희망을 남발할 수도, 지나친 염려의 눈빛을 드러낼 수도 없는 일이었다.

레이먼드 카버의 단편소설 「별것 아닌 것 같지만, 도움이 되는」을 떠올렸다. 소설 속 앤과 하워드는 아들 스코티를 뺑소니 교통사고로 잃는다. 스코티의 여덟 번째 생일이었고 앤은 아이의 생일 파티를 위해 케익을 주문했다. 스코티가 병원에서 사경을 헤매는 동안 앤은 주문했던 케익을 까맣게 잊었다. 빵 장수는 주문한 케익을 찾아가지 않은 앤에게 계속 전화를 건다. 고통 속에서 허우적거리던 앤은 장난처럼 걸려 오는 전화에 화가 나서 결국 늦은 밤 빵집을 찾아간다.

고요한 밤이면 빵 장수는 늘 빵을 굽는다. 남들이 알지 못하는 그의 외로운 시간이다. 그는 부부가 아이를 잃은 사연을 듣게 되고 그들의 분노와 슬픔을 마주한다. 부부의 깊은 절망 앞에서, 빵 장수는 어떤 위로를 전할 수 있을까. 그는 진심을 다해 애도와 용서를 구하며 갓 구운 빵을 내민다. 고소한 빵 냄새는 절망의 심연에서 허우적대던 마음을 따뜻하게 어루만진다. 빵 장수가 만든 롤빵을 먹으며 그의 이야기에 귀를 기울인다. 무엇으로도 채워지지 않을 것 같던 허기진 슬픔이 조금씩 녹아든다. 빵집의 형광등 불빛이 마치 햇빛처럼 느껴지는 마법을 경험한다. 누군가의 축하를 위해 주문된 케익과 빵들. 그는 자신이 구운 빵으로 사람들을 위로할 수 있어 기뻤다. 스스로 꽃 장수가 아니라 빵 장수라 다행이라 여겼다.

    우리가 생각하는 '별것 아닌' 것들 뒤엔 진심의 '별것'이 숨어 있는지 모르겠다. 겉으로는 사소해 보여도 마음에서 우러난 따뜻한 눈빛은 조용한 온기로 다가와 그들을 감싼다. 진심의 위로는 무심하게 내려앉은 햇살 같은 토닥임이다. 새벽이 올 때까지 빵 장수와 둘러앉아 빵을 맛보는 시간은 아들을 잃은 부부에게는 애도와 위로의 시간이었다. 진심 어린 위로는 지친 마음에 한줄기 빛처럼 스며든다. 누군가의 어깨를 토닥여 주고 싶을 땐 소설 속 그 장면을 마음속으로 떠올린다.

수년 전 아이의 눈빛이 외로워 보이던 날이 있었다. 사춘기에 접어든 아이는 말수가 줄어들었고 학교에서 돌아오면 말보단 눈빛으로 심정을 표현했다. 늦은 저녁 아이는 반려묘 달이와 거실에 누워 있었다. 둘은 아무 말 없이 오랫동안 서로의 눈을 바라보았다. 그 시절 내가 본 가장 부드러운 아이의 눈빛이었다. 달이도 아이에게 촉촉하고 그윽한 시선을 보냈다. 그 장면이 아름다워 사진으로 남겨둘까 생각했지만 이내 단념했다. 소중한 순간을 방해하고 싶지 않았다. 짧지만 강렬한 그들의 교감을 조용히 함께 누렸다. 사랑의 힘은 은근하고 강하다. 지금 아이가 지닌 건강함에는 달이의 충만한 위로가 살푼 얹어져 있음을 나는 늘 기억한다.

　누군가를 위로하는 일이 서툴다고 생각했던 건 잘하고 싶은 욕심 때문일지 모르겠다. 그 마음을 내려놓을 때 상대를 진심으로 안아줄 수 있다. 빵 장수가 내놓은 빵은 그가 할 수 있는 최선의 선의였고 반려묘 달이가 건네는 따스한 눈빛도 오직 아이를 사랑하는 마음에서 비롯된 것이다. 온전한 치유를 주는 위로는 인간이 아닌 신의 영역일 것이다. 어떤 내일이 다가올지 모르는 삶 속에서 우리는 하루하루 용기 내어 살아간다. 서로의 고난 앞에서 동지의 마음으로 어깨를 내어줄 뿐이다. 그 어깨 위에 충만한 위로의 정령이 조용히 내려앉기를 소망한다.

독일의 철학자 막스 셸러는 『동감의 본질과 형태들』에서 '동감하는 만큼 사랑하는 것이 아니라 사랑하는 만큼 동감한다'고 말했다. 타인을 향한 공감과 위로의 마음은 상대에 대한 순정한 사랑이 없다면 불가능한 일이다. 위로가 서툴다고 생각했던 건 온전한 사랑이 부족했기 때문이 아니었을까. 사회적 의무감이 아닌 타인의 고통에 내 심장이 머무는 위로는 그저 함께 있어 주는 것으로도 충분하다. 이렇게 쉽고 명확한 진리를 잊고 있었다.

타닥타닥 케익이 익어 가면 사방으로 고소한 버터향이 퍼져 나간다. 달이가 냄새를 맡으며 다리 사이를 오간다. 수술을 앞두고 마음 무거울 아이가 맛볼 순간을 그려 본다. 고소한 맛이 더 풍부해지라고 주문을 왼다. 미소 지을 아이를 떠올리니 내 마음도 잘 익은 케익처럼 부푼다. 소박한 격려를 건네려 구웠는데 오히려 오븐의 온기가 긴장된 내 어깨를 풀어준다. 쨍한 형광등 빛이 따스한 햇살처럼 느껴지는 부부의 마음처럼 내게도 마법이 찾아온다. 위로가 필요한 누군가에게 소설의 빵 장수처럼 무심히 한마디 던지고 싶다. "내가 만든 따뜻한 롤빵을 좀 드시지요. 뭘 좀 드시고 기운을 차리는 게 좋겠소. 이럴 때 뭘 좀 먹는 일은 별것 아닌 것 같지만, 도움이 될 거요."

『대성당』
레이먼드 카버, 문학동네, 2014